提问咨询，微课分享

每个孩子都可以不平凡

田先 著

北京师范大学出版集团
BEIJING NORMAL UNIVERSITY PUBLISHING GROUP
北京师范大学出版社

图书在版编目（CIP）数据

每个孩子都可以不平凡/田先著. —北京：北京师范大学出版社，2018.10
 ISBN 978-7-303-24152-1

Ⅰ. ①每… Ⅱ. ①田… Ⅲ. ①家庭教育 Ⅳ. ①G78

中国版本图书馆CIP数据核字（2018）第201019号

营销中心电话　010-58808056 58807669
北师大出版社少儿教育分社　http://child.bnup.com/

MEIGE HAIZI DOU KEYI BU PINGFAN

出版发行：北京师范大学出版社　www.bnup.com
　　　　　北京市海淀区新街口外大街19号
　　　　　邮政编码：100875

印　　刷：	北京京师印务有限公司
经　　销：	全国新华书店
开　　本：	787 mm×1092 mm　1/16
印　　张：	11.5
字　　数：	235千字
版　　次：	2018年10月第1版
印　　次：	2018年10月第1次印刷
定　　价：	39.00元

策划编辑：谢　影　郭　放　　责任编辑：王　宁
美术编辑：袁　麟　　　　　　装帧设计：袁　麟　锋尚设计
责任校对：段立超　　　　　　责任印制：乔　宇

版权所有　侵权必究

反盗版、侵权举报电话：010-58800697
北京读者服务部电话：010-58808104
外埠邮购电话：010-58808083
本书如有印装质量问题，请与印制管理部联系调换。
印制管理部电话：010-58806648

序　三人行，必有我师

田先问我，可否为她的新书写序，我一口应允，什么也没想，立刻就答应了；然后就开始各种忙，忘了这件事。一周后，田先问我，序是否已经完成，我连连道歉，向她郑重承诺：7日内一定完成，希望没有耽搁她的新书面世。

田先一如既往轻松笑答："不碍，知道你一直都很忙。"

是的，从认识田先那天起，我就发现她没有手忙脚乱的时候。我不知道她是怎么做到的，家庭、事业两不误，每次看到她都是一副轻松愉快的样子，家里有恩爱丈夫乖巧孩子，外面有傲人事业，让人好不羡慕。

我很庆幸自己答应田先为她的书写序。

从2008年到现在，有很多人书稿未成便来找我写推荐语、推荐序，每次我都是坚持先看全部书稿才回复是否推荐，田先是第一个我想也没想就答应了的，她也是第一个主动给我全部书稿的人。这份认真，证明我没有看错人。

和田先接触，最早是从听她的网络电台节目、看她的公众号文章开始的。我喜欢她的态度，喜欢她所传递的价值观。后来邀请她来参加我的工作坊，我才真正在现实生活中见到她，她毫无保留地为我出谋划策，建议我怎样把线下的工作坊转成线上课程。在此之前，我一直做线下，对于线上完全是零认知。

再后来，我介绍过几个小的项目给田先，其他老师都嫌东嫌西的，田先从不挑剔，工作做得干脆漂亮。我常常对我的员工说，做人如田先这样，做事如田先这样，想不成功都很难。

看了田先的书稿，我看到了这样一个鲜活的女人：自立、自尊、自强、自爱。田先创立了她的"中国式"精英教育体系，内核也源于此。

下面这个图是田先书里的内容，我非常喜欢，借来一用。

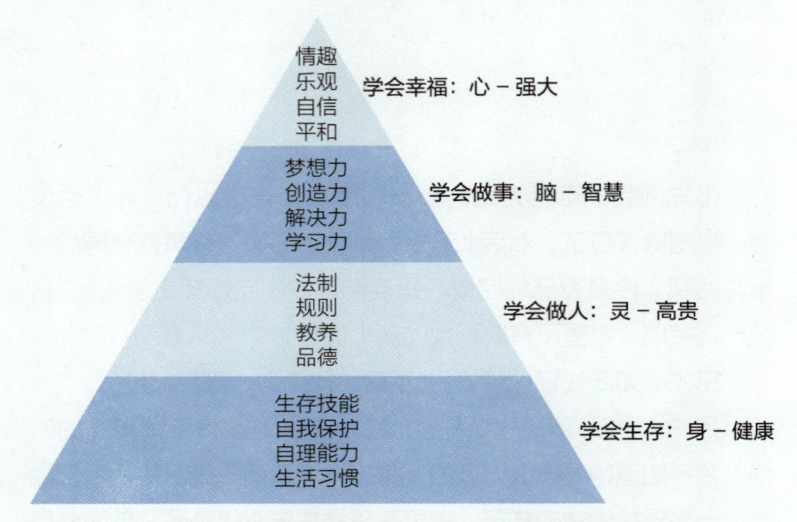

```
                情趣
                乐观          学会幸福：心－强大
                自信
                平和

              梦想力
              创造力          学会做事：脑－智慧
              解决力
              学习力

            法制
            规则              学会做人：灵－高贵
            教养
            品德

         生存技能
         自我保护             学会生存：身－健康
         自理能力
         生活习惯
```

田先－"中国式"精英教育：少儿软实力"四会"模型

我是一个感性的人，逻辑性思维比较差，所以每次看到有人能够把乱如麻的思路整理得妥妥帖帖，都会格外敬佩。逻辑性强的人适合做老师，因为他们能把一堆"乱麻"理顺、理清，要是语言能够简洁易懂，那就是非常好的老师了，田先无疑是这样的一位好老师。

田先的这个少儿软实力"四会"模型我非常喜欢，简单、清晰、具体，家长即使不懂心理学和教育学，也一样可以掌握这些基本要则，即使有偏差，也不会偏离太多。这就是逻辑性强的好处，思路清晰，有规可循。

学会生存，主要属于健康商数（健商）范畴，即对生存本能的需求。学会做人，是更高层次的需求，田先罗列了四个要素，分别是：品德、教养、规则、法制，它们主要属于德商和情商的范畴，这些可以让我们的生活变得轻松一些，人际交往也会更顺畅一些；可以满足人与人之间的情感互动需求。第三阶是学会做事，田先罗列了学习力、解决力、创造力、梦想力四个要素，这四个要素涉及智商、财商、灵感智商（灵商）等，80%的人都已经在成长的过程中遗忘了这些天赋。这些要求会让那些遗忘了快乐与创造力的家长们重新获得这些能力。家长好才是真的好，因为一个没有创造力的家长，往往是不会允许自己的孩子有创造力的，不是有意扼杀，而是出于无知。

在这个模型的最顶端，是学会幸福，它所包括的四要素分别是：平和、自信、乐观、情趣。平和、自信、乐观属于情商的范畴，决定了一个人是否身心健康；情趣属于灵商的范畴，与我们的生活品质息息相关。幸福是一种能力，就像爱一样，能够化腐朽为神奇。如果家长能够让孩子拥有这些能力，待他们成年，必然会将这种能力传递下去，带给自己的下一代更多的健康、快乐、成功和爱，他们必将会让这个世界更美好。

精英教育，归根究底是"人"的教育。

希望越来越多的家长开始觉醒，开始学习如何给予孩子健康的爱：给他一个健康的身体，让他学会生存；给他一个高贵的灵魂，让他学会做人；给他一个智慧的大脑，让他学会做事；给他一颗强大的心，让他学会幸福。

孩子，不仅是一个家庭的生命延续，更是国家的未来、民族的未来、世界的未来。

陶思璇

应用心理学博士、著名媒体人

2017年12月25日

目 录

第一篇　活成最好的自己，每个孩子都可以不平凡！..................1

导　言　孩子，希望你活成最好的自己！..................2
第一章　活成最好的自己，每个孩子都可以不平凡！..................9
第二章　有远见的父母，才是孩子真正的起跑线！..................15
第三章　亲欲养而子不待，高品质的亲子陪伴是最好的教育！..................23
第四章　构建角色铁三角，练就中国好父母！..................30

第二篇　学会生存：给孩子一个健康的身体！..................39

导　言　孩子，原谅我无法保你一世安稳！..................40
第五章　生活习惯：小习惯大未来，好习惯好人生！..................46
第六章　自理能力：你理孩子少一点，孩子自理多一点！..................55
第七章　自我保护：健康平安才是福，让孩子做自己的保护神！..................63
第八章　生存技能：绝境求生，一无所有亦能从头再来！..................69

第三篇　学会做人：给孩子一个高贵的灵魂！..................73

导　言　孩子，高贵的灵魂才能经得起人生的折腾！..................74
第九章　品德：中国脊梁，真正的"贵二代"是这样炼成的！..................77
第十章　教养：润物无声，让孩子进退有度高情商！..................84

第十一章　规则：合规守信，畅行未来的通行证！..................91
第十二章　法制：知法用法，国家公民从这里起步！..................99

第四篇

学会做事：给孩子一个智慧的大脑！..................105

导　　言　孩子，学习不是万能的，但不学习是万万不能的！..................106
第十三章　学习力：没有兴趣，何谈学习！..................110
第十四章　解决力：没有机会，何谈解决！..................119
第十五章　创造力：没有自由，何来创造！..................123
第十六章　梦想力：没有梦想，何来成就！..................130

第五篇

学会幸福：给孩子一颗强大的心！..................135

导　　言　孩子，岁月很长，不必慌张！..................136
第十七章　平和：管理情绪，是管理人生的开始！..................139
第十八章　自信：五大步骤，养出自信满满的孩子！..................147
第十九章　乐观：双管齐下，让孩子学会笑看风云！..................157
第二十章　情趣：品质时代，不凑合的孩子才能爱自己！..................163

后　　记　我的"先生之路"..................169

第一篇

活成最好的自己，
每个孩子都可以不平凡！

导 言 孩子，希望你活成最好的自己！

亲爱的宝贝：

我是妈妈。

从你在我肚子里"安家"开始，我对你最大的期望，就是希望你活成最好的自己。其实，妈妈也还没达到"最好的自己"这样的理想状态，但我一直在朝这个方向努力，也多少有了一点感悟和经验。所以，今天我想跟你先聊聊这个话题。当然，我的话不是真理，如果能触动你，引发你多一点思考，我就很欣慰了。

"活成最好的自己"，这句话有两个关键词：一是"自己"，二是"最好"。

关于"自己"，妈妈想跟你聊三点：到底什么是自己？为什么一定要做自己？如何才能真正做自己？

宝贝，你知道吗？这世上，很多人活着活着就弄丢了自己，还有很多人，从来都没有做过自己。很多人，嘴长在自己头上，但从没说过自己的心声；腿长在自己身上，但从没走过自己想走的路；脑袋长在自己肩上，但从没有过自己的思考和主见。

我曾经看过一部名为《ALIKE》的西班牙动画短片，在片中那个黑白灰的世界里，人们每天忙碌奔波，脸上的表情和周围的环境一样死气沉沉。整个世界仿佛一个巨大而精密的机器，每个人都只是其中一个小小的部件，没有个性，没有自我，只是漫无目的地维持着这个让他们赖以生存的体系。可怕的是，人们都仿佛感受不到痛苦，认为一切都是理所应当的。更可怕的是，孩子们也仿佛流水线上的小零件，被无差别地教导着，每个孩子都在慢慢褪去自己原本的颜色，被磨平个性与棱角。这些没有台词的画面，深深刺痛了妈妈的双眼。

这几年，你飞速成长，常常带给我或大或小的惊喜与感动：生命是一个多么神奇的存在啊！

多少次，在你沉浸阅读的时候，在你尽情玩耍的时候，在你安静睡着的时候，我默默地看着你，有时候看着看着，眼泪就会情不自禁地流下来。有了你之后才发现，原来一贯坚强宛如披着铠甲的我，也有如此柔弱的一面。

多少次，想象你长大的样子，想象你未来的各种可能。但每一次，我最后都笑笑摇摇头，默默地告诉自己：干吗要去想那么远呢！等你长大了，自然就看到你的样子了；等你的未来到了，自然就看到你的可能了。

没有预设，就不会有束缚。我知道，你的身体里有着与生俱来的力量。就让我用点点滴滴的光阴，陪着你这颗柔嫩饱满的小种子，慢慢发芽成长吧！

宝贝，我希望你活成自己本来的样子，而非别人期待与要求的样子，无论是爸爸妈妈，或是其他人，都没有这个权利。爸爸妈妈虽然生你养你育你，但你并不属于我们，你是一个独立的个体。你的身体、你的思想、你的情绪、你的个性、你的天赋、你的优点、你的缺点……所有这一切，都是你自己。

妈妈活到现在，最大的遗憾是没有上过正式的大学。1997年中考我取得了全区最好的成绩，你的姥爷姥姥决意让我去上师范，以便毕业后可以分配工作，为家里减轻负担。

我自然是一千个一万个不情愿的，要知道，我那时心心念念的梦想就是上清华、北大，虽然在此之前，我连益阳市都没走出过。班主任、校长都来劝我：女孩子当个老师挺好的。我抗争过，哭过，但没有闹过。因为我知道，姥爷姥姥也是迫不得已，在这样一个清贫农家，他们有他们的压力和苦衷，谁让我是老大呢？

1997年的那个暑假，正值农忙"双抢"，在干活的间隙，我一个人在家附近的水田里、草垛旁，默默流了不知道多少次泪，那大概是妈妈这辈子流得最多的眼泪了。有时候想控制自己的情绪，妈妈就将头高高抬起，望向天空，这样可以让眼泪少流一点下来。农村的天空，苍茫、辽阔，安静得可怕，天地那么大，可我的青春却无处安放。

宝贝，你知道吗？那种想做自己而不能的痛，撕裂、吞噬着我，而我却无法逃离。只有做自己，才会得到真正的幸福。所以，我多么希望，你永远都不要陷入这种痛苦。当然，这只是我的美好期待，现实总是难免会有差距。但爸爸和妈妈会尽我们最大的努力，成全你的梦想，无论它是大还是小、是灿烂还是平凡。

宝贝，做自己其实很难，因为你要非常诚实地面对自己，听从自己的心，勇敢地去追求三个一致：思想与言行一致、兴趣与事业一致、爱情与婚姻一致。妈妈给你两个建议：悦纳、勇气。

所谓"悦纳"，就是喜悦地、发自内心地接纳自己，接纳自己的身体、思想、情绪、个性、天赋、优点、缺点……爱自己的所有，爱所有的自己。

悦纳自己的"好"很容易，比如"我漂亮""我聪明""我善良""我坚强""我快乐"等；难的是悦纳自己的"不好"，比如"我其实长得一般、天赋一般"，"我偶尔也想自私、也会脆弱、也会生气"等。而这些，都是真实的自己。

妈妈小时候一度为自己的单眼皮自卑，虽然你姥爷经常安慰我"大眼睛迷人，小眼睛勾魂"，但也没能从根本上解决我的困扰。这些年来，我却越来越爱上了自己的单眼皮。一方面，在这个可以通过微整形轻易获得双眼皮的今天，单眼皮已经成了个性的存在；另一方面，我也越来越深切地感受到，重要的不是你眼皮的双单，而是你眼里的光芒。

有趣的是，宝贝，你也遗传了我的单眼皮，这真是一件美妙的事。我相信，有朝一日，你的弯弯笑眼里，一定会绽放自己独特的光芒。所以宝贝，悦纳自己，你不需要完美，真实的你永远是最美的。

再说说"勇气"。宝贝，缺乏勇气的人，是没办法做自己的。因为很多时候，做自己就意味着你要敢于说出自己的心声、维护自己的权益、坚持自己的选择，并且因此而承受别人的不解、否定、讨厌、非议、批判，甚至羞辱、打压等，这些，没有一颗敢于战斗的勇敢的心，是根本不可想象的。

小时候，妈妈自认不是个典型的"好孩子"，虽然学习上没让你姥爷姥姥操过心，但在其他方面压根就是个"捣蛋鬼"，经常因为和姥爷姥姥顶嘴、对着干而挨骂，甚至挨打。而时至今日，我自感最大的优点，是依然存有一份"反骨"。遇到任何事情，我的第一反应一定是：为什么要这样？这合理吗？有没有其他可能？无论对方是什么背景什么权威，我都不会盲从。如果说我今天在事业上已经取得了一点成绩，那么毫无疑问，是与这种思辨和抗争的勇气息息相关的。

所以宝贝，我想告诉你的是，不要以为那些比你年纪大、权力大、地位高、学历高、资历深、能力强、财富多的人，就一定是对的，比如父母、老师、专家、官员、领导、老板等；更不要委曲求全去做什么"老好人"，该表达就表达，该拒绝就拒绝，该坚持就坚持，别太在乎别人眼中的你，你最在乎的，应该是自己的心。

关于"最好"，我同样想跟你聊聊：到底什么是最好？为什么我希望你活成最好？如何才能活成最好？

首先，最好一定不是随便、凑合、浑浑噩噩、得过且过，甚至，它也不是按部就班。

算起来，我的职业生涯，有过两次重大的转折，而这两次转折，皆因我一直坚持的一句话：人生最可怕的，莫过于一眼望得到头。是的，我不害怕未知，却唯独害怕一眼望到头。说到底，我只是不愿意过早看见结局，一旦提前看见了结局，游戏就不好玩了，不是吗宝贝？

我的第一次职业转折，发生在师范毕业工作半年时。当时，我服从教育局分配去了一个乡镇中心小学当老师，负责一个班的语文课和全校的音乐课，兼任班主任和少先队大队辅导员。那一个学期的教师生涯，短暂却又刻骨铭心。

一天忙碌的工作结束后，夜幕降临，我常常坐在窗边斑驳的旧办公桌前，望着乡村的夜色发呆神游，心头总会掠过一阵阵不安：我要一直待在这里吗？三年五年十年后，我会在哪里，会是什么样？我会一步步成为教导主任、副校长、校长、教育局干部……这条未来的路，那么清晰，仿佛就在眼前。每每想到这，心底就会有个声音在呼唤：不！我不要这样按部就班的人生！

后来，那个声音越来越大，变成呐喊，无数次出现在我的梦中。于是，顶着姥爷姥姥巨大的压力，甚至等不及办理一个所谓"停薪留职"的手续，我就急不可耐、很不光荣地当了"逃兵"。

2012年，我的职业培训师生涯达到最高峰。一年讲课200来天，全国各地稍大点的城市基本都讲了个遍，成天接触的都是央企、国企及全国各地行业排名靠前的知名企业。可是，年底回顾时，前些年基本顺风顺水节节高的我却再一次开始了不安：我要一直这样讲下去吗？讲更多的课、收更高的课酬？直到有一天讲不动为止？不！我不要！

于是，2013年，我的职业生涯发生了第二次转折。我毅然决然地开始主动降低课量，归零、总结、学习、再出发，创立"中国式"精英教育体系，从管理培训重回教育培训。你爸爸曾经不止一次地揶揄妈妈："你这不还是讲课吗？"我说："形式上虽然类似，但内核变了。刚毕业当老师时，我看到的是班里的孩子；做管理培训时，我看到的是出生于不同年代的人；而现在重回教育领域，我看到的是所有的孩子和民族的未来。"

而你，亲爱的宝贝，也正是在这个转折的节骨眼上，来到了我和你爸爸的身边。也许冥冥之中，你早已和我心意相通：我选择了你，你选择了我。谢谢你，我亲爱的小福星，谢谢你开启了我新的人生。

其次，最好意味着"人尽其才"，有才而不用，浪费也。

我一直觉得，我们之所以拥有某种天赋，一定是因为我们身负某个特殊的使命，就像鸟儿翱翔蓝天、鱼儿畅游水中。这个使命，需要我们用一生去践行。比如我身上，最大的天赋就是说和写，所以，兜兜转转这么多年，始终都逃不脱这两件事。

那么，天赋到底是什么？简单来说，如果有一天，你发现自己做某件事情既快乐又相对顺利，如鱼得水，如久旱逢甘，那么恭喜你宝贝，那就是你的天赋所在。

而现在，我会小心谨慎地观察，会努力给你提供更多的机会，让你的天赋能得以充分展现。

需要注意的是，最好是没有固定标准的，吾之蜜糖汝之砒霜，我以为的最好，不见得是你的最好；你以为的最好，也不见得是别人的最好。所以宝贝，你自己觉得舒坦、自在、幸福，那就是最好。不要看别人的标准、世俗的标准，要听从你自己的心。

宝贝，我们人类这一生只有一趟的地球之旅，实在是来之不易。

地球的形成，或许就是一个概率低到不能再低的偶然。巨大古老的恒星在寿命终止时产生大爆炸，形成无数碎片与尘埃。无数漂浮在太空里的尘埃，晃晃悠悠一点一点慢慢聚集在一起，才形成了地球。

而你的诞生，则是一个历尽艰辛的偶然中的必然。几亿个精子经历残酷的生死时速的竞争，你好不容易抓住几亿分之一的机会，在妈妈的肚子里历经十个月的漫长孕育，最后，又通过将近八小时的艰辛抗争，才终于见到这世界的第一线光亮。

往小里说，在时间的长河里，我们的一生是如此宝贵而短暂，不怕与草木同生，唯怕与草木同腐也！我多么希望，你能把握这唯一一次的机会，活成最好的自己，发挥你最大的天赋与潜能，拥有更多未知的精彩。

往大里说，我们每个人，都是这个世界未来的铺路人。有一天你会发现，这个世界其实不是那么完美，有白也有黑，有善也有恶，有美也有丑。面对这样的世界，你可能会沮丧、质疑，甚至失望，但毫无疑问，只有成为参与者、推动者而不是旁观者、评价者，只有我们每个人活成更好、最好的自己，我们身边的环境才能更好，我们的国家和民族才能更好，我们的下一代才能更好，这个世界也才会更好。

如何才能活成最好？这个问题，我同样也给你两个建议：探索、努力。

探索，意味着你需要不断了解自己，把握一切机会，勇敢地尝试，永远保持对世界、对生活的好奇心与探索欲。

其实，从来到这世界的第一秒起，你就开始了你一生漫长的探索之旅。刚出生，你尝试大声哭泣、尝试睁开双眼、尝试自己呼吸、尝试吮奶；三个月，你尝试翻身；六个月，你尝试坐起；七个月，你尝试喊妈妈；九个月，你尝试爬行，开始翻箱倒柜；十个月，你尝试自己吃饭；十一个月，你尝试站立；十二个月，你尝试走路……你从来不知道什么叫害怕、什么叫危险、什么叫困难，你有的只是一肚子的好奇心和探索欲。

你知道吗，我是多么喜欢你那个时候的状态，那么鲜活、那么灵动！这些年，爸爸妈妈一直都在努力保护你的好奇心、满足你的探索欲。可是，你终究会慢慢长大，有一天，你会开始懂得害怕、开始担心危险、开始畏惧困难。如果那一天来临，亲爱的宝贝，我希望你依然保有那颗好奇与探索的初心：不是不怕，而是害怕过后依旧可以前行，只是更谨慎以避免危险、更努力以克服困难。

你爸爸开车有一个习惯，不喜欢走老路。每次开长途，他总是往返各走一条道，这样，我们就能带着你看一路不同的风景。当然，这当中一定会有走错的时候。有时候需要绕弯，有时候甚至要倒回去。不过，这有什么关系呢？只要不那么着急赶路，走错的路上同样也有风景，不是吗？

我曾经看过一个视频，有人在纽约市中心放了块黑板，让人们写下自己最大的遗憾，结果发现，人们写下的所有遗憾，都和"没有"有关。没有把握机会，没有做想要做的事，没有申请上MBA，没有追寻梦想，没有维系好友情，没有珍惜身边人……美国的临终关怀护士博朗尼·迈尔，总结了生命走到尽头时人们最后悔的5件事，日本年轻的临终关怀护士大津秀一在亲眼看见、亲耳听到1000例患者的临终遗憾后，写下了《临终前会后悔的25件事》，他们总结的这些遗憾，同样也都围绕"没有"展开。是的，人们通常不会因做过的事后悔，却会因没去做的事而遗憾。我希望你的人生，能少一点遗憾。

美国有位著名的摩西奶奶，76岁时因关节炎不得不放弃刺绣，开始尝试画画，她从未接受过正规的艺术训练，但对美的热爱使她爆发了惊人的创作力，创作出1600幅作品。我很喜欢她的一句话："做你喜欢做的事，上帝会高兴地帮你打开成功之门，哪怕你现在已经80岁了。"

不尝试，你永远不知道自己能有多好，这句话，是妈妈送给你的。人的一生，就是一个不断寻找、探索、发现的过程，越探索越了解，越了解越自信，越自信越想探索，意外会不少，但惊喜也不断。所以，勇敢去尝试吧，亲爱的孩子，像你最初面对这个世界时那样。

再说说"努力"。活成最好绝对是需要努力的，而且要非常努力才行，只有这样，才不会错过命运的奖赏。就像你刚出生时，拼尽全力吸出妈妈的第一口奶水一样。我至今依然清楚地记得，你每次喝饱奶水之后，额头上总会冒出一层细密的汗珠，后背也总会潮湿一大片。所以宝贝，活着不容易，连喝奶都需要努力，更何况其他。

长大后，也许你会听到这样一句话：选择比努力更重要。但是，你要千万小心这碗"鸡汤"！要知道，能够进行选择，是因为有了积累。如果一开始就没有努力，你压根就不会有任何选择的机会！所以，选择固然重要，努力更重要！

如果有一天，你没得选择，那就先去好好努力吧！不要抱怨自己不是"富二代"之类，要知道，天下和你一样非"富二代"的孩子可比"富二代"要多得多，不要在不属于自己的圈子里去盲目比较，那没有任何意义，只能徒增烦恼。更何况，爸爸妈妈当初也不是"富二代"，你拥有的经济和教育条件，已经比我们要好了不知多少倍。

努力到什么程度算合适呢？简言之，你必须全力以赴，但不要鞠躬尽瘁。这些年，我经常看到各种"猝死"的新闻，其中不乏正当年的人。这让我心痛，更让我担心。当生命终止，再大的梦想也成了一场空。我希望你的努力，是为了明天可以醒来继续努力，而不是今天就终止。

所以，努力的底线，就是不要透支，要保证基本的休息与运动时间，每天务必保证晚上十一点前上床睡觉，保证有一个小时的运动时间；同时，每天吃好三顿饭。只有这样，你的身体才能得到合理的休养生息，才能为你这一生漫长的探索之旅提供充足的动力与能量。

不过，我必须诚实地告诉你，在三十岁以前，其实我也没有真正明白这一点，以致身体的透支到现在还没完全弥补过来。那个时候，总觉得要奋斗要拼搏，要努力努力再努力，结果就是，事业虽然发展尚可，健康却大幅透支，慢性疲劳、各种亚健康综合征接踵而来。这几年，沾你的光，陪着你慢慢长大的同时，我也算是给自己放了个长假。开始尝试放下执念、降低目标、放慢节奏，唯愿一切都还不晚。因为此刻，我能想到最幸福的事，就是在你未来的人生路上，和爸爸一起，可以陪伴你多一天、再多一天……

另外，我一直觉得，比起时间的投入，效率才是关键。如果你能更专注、更有方法，你的效率就会更高，你就会有更多的闲时来干点"闲事"，比如养花、种菜、唱歌、跳舞、弹琴、画画之类，甚至，你还能用半天时间给自己做顿大餐或者甜点犒劳自己，你还能花一周或者更多天的时间休假宠爱自己，让灵魂跟上身体的步伐。

宝贝，活成最好的自己，是你这一生最大的任务，也是我作为妈妈最大的任务。就让我们大手拉小手，一起加油，一起成长吧！

永远爱你的妈妈

2017年9月1日

第一章　活成最好的自己，每个孩子都可以不平凡！

2013年，我打算正式创立一个属于自己的教育思想体系，思来想去，打算命名为"中国式"精英教育。我用这个名字咨询了身边不少朋友以及客户，出人意料的是，大多数人诚恳地劝我最好不要用这个名字，理由多是：我不需要我的孩子成为什么精英，我希望他做个快乐的普通人就好了！

这个理由让我深感遗憾和担忧：看来，不少人对"精英"这个词，是存在误解的。但也正因如此，更坚定了我要用这个词的初心：让更多的人理解什么是真正的精英，让更多的孩子成长为精英。

确实，放眼望去，当今社会，"精英"这个词似乎早已泛滥成灾。精英到底是什么？是企业家、老板？是来自国外名校、投行、"四大"、500强、国字号的人？是出入五星级、全身国际名牌、啃牛排、喝红酒、打高尔夫、玩马术的人？或者，至少是饮食精致、衣着入时、车房皆备的中产阶级？

很多人一想到精英，首先跳出的潜意识大概就是"人上人"：要么拥有财富，要么拥有特权，处于社会金字塔顶层、食物链的上层。于是，多少教育培训机构打着"精英教育""贵族学校"的口号，吸引了一拨又一拨"望子成龙、望女成凤"的家长，使他们心甘情愿掏出大把的钞票。这些家长无一不是期望自己的孩子能早日成为"人上人"，争夺社会食物链上的更高排序。

可是，这些培训机构提供的都是什么教育呢？成绩好已经太小儿科了，唱歌跳舞画画钢琴之类的兴趣特长班也落伍了，那就学高尔夫马术击剑、学着装打扮、认识奢侈品、学吃西餐、多开Party，总之，要看起来像个"上流人士"的样子。可问题是，仅仅学几样所谓高端特长、修炼一点所谓表面风度、体验几把所谓高尚生活，就真的可以被称为精英了吗？

十年树木，百年树人，教育孩子如同培育一棵大树，父母的教育目标就如同大树之根基，根基不稳则树难成才，甚至会长歪。我们到底应该把孩子培养成怎样的人？这是每个父母都必须首先思考的关键问题。当今社会对成功的理解，大多是有缺失的，或以偏概全，或舍本逐末。在如此的压力与洪流之下，父母如何正本清源，明确并坚持自己的育儿方向，实在不是件容易的事情。

其实，作为政治学概念的"精英"最早出现在17世纪的法国，指一群少数的、才学品行出众的国家事务管理者。这一"精英"概念源自早期学者们心中的一种理念：有一些国家公民，人数不多，但才学品行都优于一般民众，把他们遴选出来去管理国家重大事务，能使社会各方面的运作更有效率，使人民生活得更好。

原因很简单，既然你水平更高、能力更大，你就有义务承担更多的责任，就应该为你所在的群体做出更多的贡献和公共服务。"能力越大，责任越大"，"达则兼济天下"，皆属此类"精英"概念。

"鹪鹩巢林，不过一枝；偃鼠饮河，不过满腹。"贡献和服务，才是真正的精英阶级的灵魂。那些拿欲望当理想，一心往食物链顶层爬的人，那些高智商、世俗、老到、善于表演、懂得配合、善于利用体制达到自己目的的人，正如北大钱理群教授所说，最多是个"精致的利己主义者"罢了。

一、我国古代的君子之道

在我国古代，孩子八岁入小学，学习"洒扫、应对、进退之节，礼乐、射御、书数之文"；十五岁入大学，学习伦理、政治、哲学等"穷理、正心、修己、治人"的学问。

"洒扫、应对、进退之节"，正是社会生活所需的最基本的劳动、生活技能和技巧；"礼乐、射御、书数之文"，即古代所谓"六艺"，是要求学生掌握的六种基本才能。

洒扫泛指家务事；应对、进退、礼，都是与人相处、为人处世的基本素质；会射箭就能上山打猎不至于饿死，碰到猛兽也有机会逃生；会骑马驾马车，活动半径就能大幅提升，可以去到更远的地方，办事能更方便高效；乐、书数代表的是艺术和文化；穷理、正心、修己、治人代表的则是一个人的道德自律与社会责任。

先学生存，再学为人处世，接着学艺术文化，最后修炼内心——君子就是这样一步步炼成的。显然，严格的道德自律、深厚的社会责任感，是古代"君子之道"的最高境界。

二、美国的精英教育

当年《泰坦尼克号》上映时，很多影评认为它"揭露资产阶级以及贵族的虚伪"，可就是这些被称为"虚伪"的贵族，在船倾斜时面不改色、始终冷静，不为一己之利抢占救生艇，让出逃生机会，坚持让妇女儿童先上救生艇。

一位贵族老先生说:"我们是绅士,所以我们要保持优雅。""泰坦尼克号"上唯一的亿万富翁约翰·雅各布·阿斯特,在把自己怀着身孕的妻子送上救生艇后,回到甲板,安静地坐在那里,直到轮船沉没,船上倒下的大烟囱把他砸进大西洋中。

事后的统计显示,大部分的船员都遇难了,死亡比例超过了船上头等舱、二等舱和三等舱所有房舱的乘客死亡比例。船员在船上,比乘客更有条件逃生,但他们却把机会给了别人,把无望留给了自己。而且不是一两个船员这样做,是全部近千名船员都做出了这样的选择。

当"泰坦尼克号"的幸存者回到纽约时,大家讨论谁生还、谁遇难了,由于幸存的女人孩子远比男人多,人们都认为是海上规则"妇孺优先"的胜利。但"泰坦尼克号"所属的"白星轮船公司"对媒体表示:没有所谓的"海上规则"要求男人们做出那么大的牺牲,他们那么做,只能说是一种强者对弱者的关照,这不管在陆地,还是在海上,都是一样的。这是他们的个人选择,与任何规章制度、航海规矩无关。

而船头的八位音乐家直到沉船的最后一刻,一直都在沉着平静地演奏乐曲,安抚大家的情绪,那飞翔的音符,体现了至死不向自然界的险恶低头的人类尊严和高贵。

美国对于"精英"的界定是:精英是对社会承担责任的一群人,他们在坚实的学术训练之外,还必须对自我有清醒的认识,学会如何思考和处理专业领域以外的问题,涉及个人内心平衡、价值选择、社会责任等方面。

从其最具代表性的"常春藤联盟"的招生录取标准中,不难找到更具体的答案:

- 积极主动、充满活力、激情投入的人;
- 坚忍不拔、始终如一、具有战胜困难的勇气和能力的人;
- 诚实、善良、正直、热心公益和博爱的人;
- 具有团队合作精神、人际沟通能力、幽默感、领导才能的人;
- 独立思考、是非观念正确、具有成熟思想的人;
- 具有强烈好奇心、追根寻源、敢于冒险、勇于探索的人;
- 具有其他一切人类社会最优秀的个性品质的人。

可以看出,真正的精英教育,不是随时展示的才艺,也不是通向高薪工作的途径,而是指向一种高远的人生境界,倡导一种追寻内心的生活方式,要求个人对其目标和价值观做自我拷问,并对自我与世界的关系进行不断反思和调适。美国第

28任总统威尔逊曾担任过普林斯顿大学校长，他在普林斯顿大学的演讲中就直接表示："普林斯顿大学，为国家服务！"

因此，"富贵不足保，惟名校精英教育之泽可及于无穷。"富贵可能不过三代，但优质的精英教育，却可以造福家族世世代代。

三、英国的贵族教育

事实上，不止美国，包括英国、加拿大、澳大利亚、日本等其他国家的教育体制中都有精英教育的理念，最典型的如英国伊顿公学这类寄宿制中学，重在培养学生的绅士精神，其实质就是精英教育。

英国皇室被保留至今，关键原因就是对其"贵族精神"的传承。在英国人眼里，什么是真正的贵族？以下三条是最核心的要素：

• **文化教养**：抵御物欲主义的诱惑，不以享乐为人生目的，培育高贵的道德情操与文化精神；

• **社会担当**：作为社会精英，严于自律，珍惜荣誉，扶助弱势群体，担当起社会与国家的责任；

• **自由的灵魂，独立的意志**：在权力与金钱面前敢于说不，具有知性与道德的自主性，不为政治强权与多数人的意见所奴役。

英国皇室的存在就是为英国人民服务，并且以身作则，担当起践行贵族精神的重任。

四、"中国式"精英教育

盘点一圈下来就不难发现，古往今来，中西方社会对优秀人才的界定是基本一致的，强调的是"品德与胸怀"，德行天下，胸怀天下。

但在我看来，与美国、英国的"精英教育、贵族教育"这种典型的上流阶层定位不同的是，中国传统的"君子之道"是一种更朴素、更平民化的教育理念："君子"不一定是位高权重、富甲一方的名流绅士，与阶层、地位、权力、财富都没有直接关系，只要是有德行有胸怀有学问有才华的人，都可以当之无愧被尊称一声"君子"。

所以，我的"中国式"精英教育体系，就旨在以"品德与胸怀"为先，同时借鉴美国"精英教育"和英国"贵族教育"中对人的创造力、领导力等综合素质与能力的塑造经验，践行我们自己的"中国式"精英教育，但我们不搞贵族化、上层化，而是要尽可能地中国化、平民化。

不过，一说到平民化，你可能就要疑虑了：既然是精英，怎么可能平民化大众化？平头老百姓怎么成为精英？

其实，"精英"一词在汉语词典中的解释就是"精华"，指的是事物最精粹、最美好的部分。最早晋·葛洪《抱朴子·嘉遁》有言："漱流霞之澄液，茹八石之精英。"唐·杜牧《阿房宫赋》亦云："齐楚之精英"。

每个孩子都是独一无二的个体，每个孩子身上，都有其独特的天赋与潜能，这份天赋与潜能，自然就是孩子身上最精粹、最美好的部分，即"精华"。所以，**每个孩子都是自带"精华"的，都是自带"精英潜质"的，而教育的目标，就是因材施教**，唤醒并且激活他们身上这部分沉睡的精华，提供合适的环境与营养，使其能破土而出、生根发芽，最终生动绽放，成为"最好的自己"。

换句话说，如果一个孩子能成为最好的自己，他就一定是不平凡的，他就一定是一个不折不扣的"精英"！少年强则中国强，如果每个孩子都能成为最好的自己，我想，我们的中国梦一定指日可待。

20世纪90年代中期，他毅然舍弃高薪，决定回国就任中国科学院北京天文台副台长。那时他一年的工资，仅仅等于国外一天的工资。许多人都说他傻，可他自己心里明白，科学没有国界，但科学家有祖国！他带着咸菜，扛起锄头，这个曾经穿着西装的海外归国科学家，变成了地地道道的中国"农民"，带着300多幅卫星遥感图，跑遍全国各地，翻山越岭，从1994年开始，选址11年，立项审批13年，搬迁4年，建设5年，前后22年的坚守，2016年9月25日，中国的天眼——FAST项目终于竣工！

消息一出，全中国沸腾！全世界轰动！可就在天眼投入运行不到一年的时间，2017年9月15日，中国"天眼之父"南仁东永远告别了这个世界，享年72岁。他只留下了一个简短遗愿：丧事从简，不举行追悼仪式。干干净净地来，默默无闻地走，他留存的是一位科学家的淡泊和风骨。

"天眼之父"南仁东，当是真正的中国精英的典范。

鲁迅说，愿中国青年都摆脱冷气，只是向上走，不必听自暴自弃者流的话。能做事的做事，能发声的发声。有一分热，发一分光。就令萤火一般，也可以在黑暗里发一点光，不必等候炬火。

故此，精英其实也可以是这样一种平凡但并不简单的存在：在家，把废纸箱拍扁叠好放在小区垃圾桶旁以便有心人回收；出门，随身带着小塑料袋处理好自己的垃圾；乘坐手扶电梯，站在右边留出左边的通道；路上遇到流浪的小猫小狗，顺手把手里的零食分享给它们；见到外貌奇特或残疾者报以微笑，不会老盯着他们看；碰到有人遭受欺辱，就算无力挺身而出至少也能悄悄打个报警电话；有一份喜欢的工作，能照顾好自己和家人。

愿每个中国孩子首先都能成为一个好公民，有底线、有原则、有责任，不给别人添堵，不给社会添乱。如若还能为身边人、为这个世界，发一分本有之光，尽一份能及之力，则人生圆满矣。我们的孩子若能如此，又何尝不是精英？

第二章　有远见的父母，才是孩子真正的起跑线！

央视播出的纪录片《零零后》，展现了一群2000年以后出生的孩子。十年前，他们被父母送入同一所幼儿园，十年间，不同的家庭教育方式，在不知不觉间就把孩子变成了今天的样子：追求完美、努力给孩子最好教育的妈妈，孩子却经不起失败，坦言自己是"被逼着成长"；努力培养孩子手足情却不得法的家长，孩子最终成了叛逆的"问题"少女，直言自己"并不理解手足之情"；尊重孩子内向天性、顺其自然的家长，孩子依旧内向，虽也学会了如何和朋友相处，但依旧从容表达"我享受内向的状态"。

美国教育心理学家、哈佛大学教育研究生院资深教授戴维·珀金斯在自己的《为未知而教，为未来而学》一书中指出：孩子即将面对的世界是灵活多变的，兼具未知与已知。教育的任务不仅仅是传递"已经打开的盒子"里的内容，更应该培养学生对"尚未打开的盒子"和"即将打开的盒子"中的内容的好奇心。

一言以蔽之，教育要站在未来看现在，教育不光是让孩子为现在的世界做好准备，更应该尽量帮助他们为看不见的未来做好准备。

因此，我们必须思考的问题是：教育的成功，到底应该用什么来衡量？这一切，只有时间知道答案。而且，这个时间很长，长到是孩子的一生。时间会告诉我们两个最重要的答案：

第一，孩子的一生是否幸福。如果他们在离开这个世界前，觉得自己是幸福的、满足的，我们的教育就是成功的，虽然，我们看不到那个时刻。显然，成绩、学校、工作，都无法决定孩子将来是否能幸福。因为幸福，不光是一种感觉，更是一种能力，我们的孩子需要学会理解幸福、追求幸福、把握幸福，这才是关键。

第二，孩子的一生是否价值最大化。这里的价值，不是用金钱来衡量的，而是孩子能否发挥所长，为家庭、集体、社会做出自己力所能及的贡献。如果我们培养了很多奥数世界金奖，但最终很少有人成为世界顶尖的科学家；如果我们的孩子将来挣钱很多，但却从来不懂什么叫回馈，那我们的教育一定是失败的。

这种对教育未来性的洞见与把握，对当下孩子状态的淡定与从容，不以孩子一事之得失、一时之高下而或喜或忧，就是作为父母真正的远见，就是孩子真正的起跑线。

一、孩子真的能赢在起跑线吗？

作为父母，你一定会经常被各种与孩子有关的广告狂轰滥炸，教育、培训、营养保健、玩具、学习用品等，绝大多数广告都毫无例外地在向你灌输一个观念：绝对不能让你的孩子输在起跑线！

于是，很多父母开始相信这句所谓的真理，一窝蜂地把孩子送进各种早教、培训、辅导机构，以为让孩子越早接受教育、学得越多，孩子就会起点更高、跑得更快。

我也经常被很多父母问到这类问题：到底要不要给孩子早教？要不要上辅导班、兴趣班？不做这些，孩子输在起跑线怎么办？

其实，教育本身从来都不是问题，为什么教、如何教才是关键问题。如果父母对这两个问题没有搞清楚弄明白，那就不如不教。要知道，在教育这件事上，错误的干预比不干预的危害更大。很多人疑惑于为什么"70后""80后"这几代人的父母大多实行"散养"，"70后""80后"反倒成长得大体还算好，而"00后"孩子们的父母文化程度明明提高了很多，孩子的问题却越来越多，原因其实就在这里。

我女儿就读的幼儿园，小班阶段就开始教孩子识字，而且还不是简单的字。我问招生主任为什么要这么早教这些？她反问：不教这些能教什么呢？我说可教可玩的东西很多呀，生活、运动、人际、手工、艺术、绘本、自然与社会实践等，哪个都是很好的内容，为什么非得这么早识字？她委婉回答："如果每个家长都像您这样就好了。"我明白她的潜台词，大概还是有很多家长，对识字、英语、数学等的期望值更高。于是，我的对策就是：既然教了，只要不过分强制孩子，那就当玩吧，我不会在乎她学得怎样，更不会刻意去复习和强化。

如果你是单纯为了让孩子学习某种知识和技能，那么我不妨告诉你以下三点：

第一，有的东西现在学了未来可能就没用了。

无人工厂来了，无人超市来了，机器人服务员来了，同声翻译机来了，流水线操作员、收银员、服务员、翻译等大量操作性岗位未来都可能逐步消失，就算是研发这类高智力高创造性岗位，也面临更严苛的升级挑战。未来的世界会是什么样子的？借助隐形眼镜就可以上网，无人驾驶的车辆满街都是，机器人无处不在，甚至，利用你的意念就可以上网、写电子邮件。今天你让孩子学的很多知识和技能，未必就恰好符合未来社会的需求。

耶鲁大学前校长理查德·莱文曾说：如果一个学生从耶鲁大学毕业后，居然拥有了某种很专业的知识和技能，这是耶鲁教育最大的失败。私以为，这是一个负责任的教育者的宣言，因为他知道，任何当下的专业知识和技能，未来都有可能随时失效。

第二，学早了要么学不进，要么事倍功半。

美国心理学家格塞尔做过一个非常著名的实验——"双生子爬梯实验"。在这个实验中，他研究记录了双胞胎在不同的时间学习爬楼梯的过程和结果。

格塞尔选择了各方条件都非常相似的一对双胞胎。他让双胞胎中的哥哥在出生后的第48周开始学习爬楼梯。出生48周的哥哥才学会站立没多久，偶尔可以摇摇晃晃地走几步路。格塞尔每天对哥哥进行15分钟的训练，在历经无数次跌倒、哭闹、爬起的过程后，这个孩子终于在出生第54周的时候能够自己独立爬楼梯了。格塞尔又让双胞胎中的弟弟在第52周的时候练习爬楼梯，这时候弟弟已经能很好地走路了，腿部肌肉也比哥哥刚开始练时更发达。结果，在同样的训练强度和训练内容下，弟弟只用了两周（也是出生第54周）就能独立爬楼梯了，且比哥哥爬得更快更稳。

这对双胞胎，一个是从48周开始学习爬楼梯，另一个是从52周开始，但两个人却不谋而合地都在54周学会了爬楼梯。[1]

一开始，格塞尔认为这只是个偶然现象。为了验证结论的准确性，他找了上百对双生子，反复地做了上百个对比实验。结果，他发现不管双胞胎的人种、性别如何，都不会影响这个实验的结果——孩子在出生52周左右的时候，学习爬楼梯的效果最好，只需花费很短的时间就能达到训练效果。

之后，格塞尔又针对其他年龄段的孩子，在不同的领域做了实验。在多次实验中，他发现，不管是教孩子识字、穿衣、做算术题，还是社交都存在着黄金教育时段。

基于实验的结果，格塞尔认为，个体的发展取决于自身的成熟，成熟是推动孩

---

[1] 参见桑标：《儿童发展心理学》，北京，高等教育出版社，2009。

子发展的主要动力，当身体不够成熟的时候，就没有真正的发展与变化。

简言之，孩子学某样东西如果学得很慢，多半是因为他的身体条件还不具备，在这种情况下进行学习，只会白白浪费孩子最宝贵的时间。

第三，提早过度学习反倒可能让孩子失去后劲、输在终点。

揠苗助长，欲速则不达。事实上，所谓的"起跑领先"，不过是让孩子在裁判的枪声未响之前"抢跑"，比别的孩子早学罢了。对于大多数孩子而言，这种暂时的领先，可能要付出"输在终点"的惨重代价。

心理学研究结果显示，孩子在7岁以前都处于形象思维阶段，这个阶段最重要的学习模式是感知和体验。这就意味着，孩子需要的是从生活中学习，包括游戏、玩耍、运动、人际交往和社会实践等。并且，这个阶段孩子学习的重点不是识字、运算、智力开发，而是强健体魄，学会生活自理、人际交往、适应社会。

过早让孩子背古文诗词，学拼音、算术、英语、奥数等，大多都是违反孩子的心智发展规律的，过早往孩子大脑里强行输入大量抽象的内容，会使得孩子左、右脑得不到均衡、充分的发展，从而降低甚至扼杀孩子的创造力、想象力、好奇心、求知欲等宝贵的天赋。

虽然人类的科学主要借助左脑来发展，但是人类的生活大量地要靠右脑来完成的。但凡活得不幸福的人，相当一部分原因是因为孩提时期右脑没有得到充分的发展。

过度的学习压力，会让孩子的大脑一直处在高度紧张的状态，从而影响大脑的发育，阻止某些重要神经的连接，并进一步影响到孩子的学习和认知能力的发展。许多心理学家发现，过早学习且学习压力很大的儿童，一般在小学四年级时学习成绩就开始下降，逐渐失去以前的优势。

除此之外，过早学习的孩子，往往事倍功半。长此以往，当孩子发现即便自己付出多于常人的努力，也不能换来竞争优势时，学习就成了他挫败感的来源，导致孩子的低自尊，让他觉得"我就是比大家差""我就是没有别的孩子聪明"。

很多从幼儿园时期就开始学奥数的孩子，后来往往极端排斥数学，数学成绩逐渐下降，其原因就在这里。没有孩子天生不爱学习，但如果孩子长期无法体验到学习的乐趣与成就感，自然就会对学习产生厌恶、逃避等心理。

更可怕的是，低自尊的自我认知一旦形成就很难改变，哪怕孩子的学习习惯、方法得到了改善，它也不会自动消失。而孩子的自尊水平将直接影响他们未来的学业和社会发展，事实证明，那些发展较好的成功人士，往往在儿童时期就显示出较高的自尊水平。

旅美教育家、华人父亲黄全愈曾向美国学校申请让儿子插班到三年级上数学课。儿子的数学老师回信婉拒："我们的目标是培养孩子成为解决问题的能手，学会思考，让孩子把自信建立在他们自己的能力上，从而去珍视数学。"后来，这个孩子依旧超前学习停不下来，不仅小学、初中跳级两次，还超前学习了大学的微积分，在美国高考的数学考试中几乎得满分。但上大学后，他却主动选择远离数学，尽一切可能不去选修曾经给他带来无数荣耀的数学。

中国的褚时健74岁时与妻子承包荒山种橙，开始第二次创业，85岁成为励志典范"中国橙王"。美国的摩西奶奶76岁时开始绘画，80岁在纽约举办个展一举成名，一直画到101岁。

人生是一场马拉松而非百米冲刺，一时的出彩也好，黯淡也好，都只是孩子人生长河中的一个瞬间。重要的不是今天我们的孩子在哪里，而是明天他想去哪里、他能到达哪里。教育的本质，是推动个人的终身学习和成长。好的教育，一定只是给孩子打开一扇窗、播下一粒种，然后静待芽发；芽发了，你可以因材施教，但无法拔苗助长。

二、孩子真正的起跑线是什么？

"上了好初中才能上好高中，上了好高中才能上好大学，上个好大学才能有份好工作。"这已经成了不少父母教育孩子的"指导思想"了。但今天，大数据统计分析的结果让我们大吃一惊：大部分高考状元来自普通幼儿园和小学。

看来，状元们并没有"赢在起跑线"。那么问题来了，高考状元的家庭环境究竟是怎么样的？答案是：教师家庭、孩子从小做家务、父母不干预学习、父母与孩子沟通顺畅、家庭民主。符合这五类特征的家庭最容易培养出高考状元。

所以，孩子的人生究竟有没有起跑线？其实还真有。首先，是父母的基因、整个家族的代际积淀，这些东西是早已注定的。其次，是父母的远见、素养、对孩子用心的付出。用钱能解决的问题，都不是什么大问题。最好的教育，从来不是花钱买来的，而是父母随身自带的。

三、如何让孩子赢在未来、赢在终点？

抛开对起跑线的执念，我们不妨来看看，如何让孩子赢在未来、赢在终点？这需要一种特殊的系统性能力，即"适应未来的能力"，我把它简称为"未来力"。

我认为未来的工作大致可分为以下三种：操作性工作、创造性工作、领导性工作。

重复的、机械的、标准化的工作，就是操作性工作，比如前面我们讲到的流水线操作员、收银员、服务员等职业。未来越来越多的操作性工作，都将可能被机器所代替。

创造性工作，包括艺术、文学、设计、策划、学术研究之类。创造性工作最需要的能力是什么？当然是审美、创意、创新与思考。而这些能力的获得，仅凭以知识和技能为导向的传统教育是不够的。

所有需要与人密切打交道的工作，都可以被称为领导性工作。领导性工作需要的是领导力，但我说的"领导"并不是指职位上的领导与被领导，而是人与人之间的影响与被影响。只有具备足够强大的影响别人的能力，才能打动别人、团结别人、推动别人，最终达成目标。比如，医生需要影响病人，销售员需要影响客户，公务员需要影响民众。

源自英国的一项研究表明，如果你的工作包含以下三类技能，那么，你被机器人取代的可能性非常小：1. 社交能力、协商能力以及人情练达的艺术；2. 同情心，以及对他人真心实意地扶助和关切；3. 创意和审美。统计结果显示，最不易被取代的职业有：酒店管理者、教师、心理医生、公关、建筑师、牙医理疗师、律师、法官、艺术家、科学家。

我很庆幸自己的教师职业永远不会下岗，我也很高兴我对未来的判断与剑桥大学的研究结论趋近一致。事实上，无论是创造力还是领导力，都是"未来力"中不可或缺的一部分。基于过去近二十年的管理咨询和教育培训实践与研究积累，以及对未来世界发展的预判，我创立了"中国式"精英教育体系，并提炼出这个体系的核心框架，简单来说就是四个学会：学会生存，给孩子一个健康的身体；学会做人，给孩子一个高贵的灵魂；学会做事，给孩子一个智慧的大脑；学会幸福，给孩子一颗强大的心。细分下来，每一个学会又有对应的四项关键素质，如下图所示：

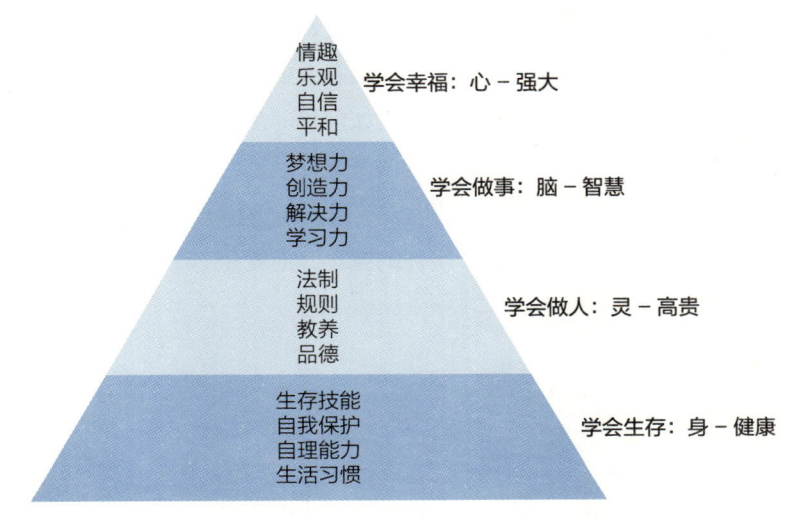

```
        情趣
        乐观       学会幸福：心 – 强大
        自信
        平和

       梦想力
       创造力        学会做事：脑 – 智慧
       解决力
       学习力

        法制
        规则         学会做人：灵 – 高贵
        教养
        品德

      生存技能
      自我保护        学会生存：身 – 健康
      自理能力
      生活习惯
```

田先 – "中国式"精英教育：少儿软实力"四会"模型

这十六项素质与能力，基本都不涉及具体的专业知识与技能，它们不是"硬实力"，无法用学历、技能、证书等来证明，但它们是普遍适用的"软实力"。打个比方，软实力就像电脑的操作系统，硬实力就像一个个应用软件。有了强大的操作系统，应用软件分分钟就能下载、安装、运行、使用。但如果操作系统性能太低，再好的应用软件也会效率低下，甚至以宕机收场。

有了这些"软实力"，无论未来技术如何发展、社会如何变迁，孩子都能具备足够的适应能力，并且有能力去自主选择和习得真正需要的"硬实力"，从而从容不迫地立足未来人生与社会。从第二篇开始，我会围绕这个模型进行系统和详细的分析。

对于孩子而言，"硬实力"的学习晚点开始未尝不可，但"软实力"的学习，晚了就真的要落后了！比如，孩子学钢琴，学的到底是什么？从"硬实力"的角度来说，就是指法、技术，考级、比赛是最好的证明。从"软实力"的角度来说，是气质、礼仪、审美、品位、专注、恒心、毅力、自信、挑战、抗压力……这才是学钢琴的正确打开方式。至于考级、比赛、表演之类，可以鼓励，但不要强迫。有的孩子练了十几年钢琴，拿到十级证书，长大后却再也不愿意碰钢琴，原因就在于父母只注重弹琴的技术，却没有引导孩子去体会真正的音乐之美、钢琴之美。

提升未来力，重点是提升孩子面向未来的"软实力"。无论今天孩子学的是什么，不要刻意追求对知识与技能的学习，引导孩子去挖掘那些潜藏在每一项学习背后的"软实力"吧。练好未来力，人生其实处处都有弯道超车的机会。

不让孩子输在起跑线，反映的正是当下很多人的集体无安全感、集体焦虑与浮躁。当我们自己都无法从容淡定时，我们又如何培养出一个内心强大的孩子？

真正有远见的父母，不会刻意追求让孩子赢在起跑线。人生这场马拉松，孩子无须所谓的"速度与激情"，需要的是持久的耐力与热情，方能笑到最后；孩子也无须和别人比赛，只需努力成为那个最好的自己，他就是冠军。

第三章　亲欲养而子不待，高品质的亲子陪伴是最好的教育！

几年前，我应邀到湖南省一所排名前列的中学做初一新生家长讲座，讲完后当即就有一位父亲上台找我交流，他倾诉了一个让他痛苦不堪的事实：当他试图教育12岁的儿子时，儿子一句话就让他哑口无言——我以前需要你的时候你去哪里了？现在你有什么资格来管我？

问起缘由，他承认儿子说的都是事实，他常年在外奔波忙于生意，回家时间本就不多，偶尔有空在家也无心好好陪孩子，12年来儿子基本上是妈妈一手带大的。到了青春期，他突然发现儿子身上毛病一堆，加上中学的学习任务也重了，便想着要从此严加管教让其"改邪归正"，不料儿子根本不理他这茬，好说歹说均油盐不进。

对于这样的咨询，我通常只有一句简单的忠告：先把孩子所谓的问题和毛病放一边，用足够的爱心与耐心，去改善和修复亲子关系，这才是关键。

为什么这样说？我们经常讲"亲子关系"，请注意开头的"亲"字，亲是什么？很多人理解为亲人的亲，觉得只要自己和孩子有血缘关系，自然就是亲的。但是事实并非如此。这个亲，是亲热的亲、亲密的亲。孩子凭什么和你亲热、亲密？不是因为血缘，是因为情感。情感怎么来？要靠高品质的陪伴和教养，靠多年的精心付出与投入。这种稳定而又坚固的亲情关系，是一点点建立起来的。所谓"生母不及养母大"，就是这个道理。

幼年时期的陪伴和养育，让孩子建立对父母的安全与依恋。童年时期的陪伴和教育，则会让孩子建立对父母的信任与尊重。有了这两个前提，孩子才会发自内心地对父母心服口服，父母的话，孩子才会愿意听、喜欢听，最终才有可能接纳和听从父母的教育。就算亲子间偶尔会有摩擦、冲突甚至争吵，但爱与亲情是永远不会淡化的。

一、父母的保质期是多久？

我们不妨认真思考以下问题：家庭教育是不是也有有效期？父母这个岗位究竟有没有保质期？如果有，是多久？可能有人会说，这还不简单，只要我活着，孩子就得叫我爹娘，我就是他家长啊！这话乍听有点道理，但细究就会发现，现实其实不是那么回事。

瑞士心理学家皮亚杰将儿童和青少年的认知发展划分为四个阶段：0—2岁为感知运动阶段，靠感知觉探索和学习，语言和思维较少；2—7岁为前运算阶段，以表象、形象思维和直觉思维为主；7—12岁为具体运算阶段，开始具有逻辑思维和真正运算的能力，但仍以具体事物为依据；12—15岁为形式运算阶段，发展到抽象逻辑推理水平，思维接近成人。

"接近成人"意味着什么？这意味着外在的教育手段对孩子产生的影响力将越来越小，他们将更多地依赖自身的内驱力去学习、成长和改变。扪心自问，作为一个正常的成年人，我们对父母、领导、老师等各色人物的教育还能听得进多少、做得到多少？除非我们自己经历巨大的刺激、受到强烈的震撼，才有可能下定决心从固化的舒适区里跳出来，改变自己。就像人们明知道锻炼身体很重要，可是不等到身体失控甚至恶疾降临，很多人是不会迈开双腿的。

因此，孩子越大，被父母塑造和改变的可能性就越小。作为父母，我们不得不时刻警醒自己：我的保质期还有多久？我如何抓住有限的保质期，给予孩子更科学合理的教育与培养？

在我看来，人生最大的悲哀莫过于两件事：子欲孝而亲不待，亲欲养而子不待。前一句大家应该都懂，后一句是我提出来的。当我们想要花更多时间、更多心思好好陪伴和养育孩子的时候，他却已经悄然长大，他已经不那么迫切地需要我们，他已经越来越难以被我们影响，事实上，无论是母爱还是父爱，本身就是一个与孩子逐步分离的过程。问问自己，如果那一天来临，我想要留下的是什么？我可能会留下的又是什么？是欣慰还是遗憾，抑或是无尽的后悔？

二、有一种残忍的爱，叫可望而不可即！

留守对孩子的危害，相信很多人都已经比较了解了。留守儿童由于父母常年不在身边，无法得到正常的关爱、保护、教育和引导，很容易产生各种心理障碍和行为偏差，养成各种不良习惯。这些，都会让父母在孩子回到身边后头痛无比，要花费数倍的精力去解决这些问题，而有些还不一定解决得了。

如果认为留守儿童只出现在农村，那就大错特错了！这些年，"假性留守儿童""丧偶式育儿"这些词语大量涌现，听着就让人泛起一股寒意。

所谓"假性留守儿童"，就是父母工作很忙没什么时间陪孩子，或是早出晚归根本见不到孩子，主要靠老人或保姆带孩子。比起真正的留守儿童，"假性留守儿童"唯一的差别，是与父母的空间距离很近，但心理距离实则遥不可及。同在一个屋檐下，却往往只闻其声不见其人，甚至声也难闻，更别提好好享受父母温情的陪伴与照料了。

而"丧偶式育儿"，意指家庭教育中一方的显著缺失，比如父母中一方长期出差；或者缺少父母中某一方的情感支持，比如很难见面、无陪伴交流等。而这"一方"，通常更多是指父亲。看看妈妈们的抱怨：下班后喝酒、打牌、玩游戏必选其一；"父爱如山"，就是如山一般戳在那里啥也不干；时不时还要添乱，把孩子弄哭。总之，典型的"妈妈是超人，爸爸去哪儿？"

假性留守以及丧偶式育儿的危害性，其实并不比农村留守轻多少。在我看来，这对孩子甚至是一个更残酷的折磨。明明就在眼前的父母，却看不见摸不着抱不到，可望而不可即，这种无时无刻地诱惑，不断给孩子希望，又不断让孩子绝望，难道不是更残忍吗？

婴幼儿长期缺少父爱会表现出一些特有症状，如举止古怪、性格孤僻、自卑等，有的孩子还会出现哭闹、易惊、烦躁、抑郁、多愁善感等症状，这些都被称为"缺乏父爱综合征"。

我有个邻居，爸爸因工作原因常年外派，妈妈只能全职照看儿子，儿子在家脾气越来越大，经常无缘无故就发火、对妈妈呼来喝去，在外面他却又异常敏感内向，基本不和其他孩子交往，别人随便说句话就会令他伤心难过，而且动不动就哭泣。爸爸偶尔回来几天，压根就管不住儿子。讲道理，儿子直接无视；再说得多了，儿子直接顶撞"你凭什么管我？你从来都没有管过我……"

一个各方面条件都不错的女孩子，找对象的时候总是找条件比自己差很多的男孩子，相处一段时间后，又因为很难勉强自己而分手。原来，在她很小的时候爸爸妈妈就离婚了，她只能与母亲相依为命。从小她就做了一个决定——绝不要被人抛弃。所以她找对象的时候从来不敢找优秀的男孩子，因为害怕被他们抛弃。她以为，至少那些条件比她差很多的男孩子，抛弃她的概率要小一些。

世界卫生组织的最新研究成果表明：平均每天能与父亲共处2个小时以上的孩子智商更高，男孩更像男子汉，女孩长大后更懂得如何与异性交往。这是因为，只有跟父亲在一起，男孩才有机会学习如何做一个真正的男人，女孩才有机会学习如何与异性相处。反之，孩子就容易出现心理障碍。

必须承认，"假性留守儿童"也好、"丧偶式育儿"也好，这些父母一定有很多很现实的原因，但我想说的是：现实再大，绝对大不过孩子！要知道，虽然儿童3岁以前的记忆基本上是无法留存的，但有些东西会以"潜意识"的方式永久地留在孩子心底和大脑深处，进而影响甚至控制他的一生，这绝对不是危言耸听。

三、婴儿需要长期的被照顾，是给了父母一个天大的机会！

其实，没有"上岗资格证"的父母，是很容易陷入"三无"陷阱的：无心，无知，无力。无心的父母，大抵把生儿育女只当作一个传宗接代的必要，信奉自然成人，祖祖辈辈都这样，孩子总会长大的，从未想过做父母居然还要花心思。无知的父母，大多也都想过要好好教养孩子，但因为知识的缺乏，最后总是不了了之。无力的父母，育儿知识可能学了不少，但总找不到适合自家孩子的靠谱之道，在育儿路上磕磕绊绊摸索前进。

无知可以学习，无力可以实践，最可怕的是无心。若一对父母对孩子没有珍爱之心、付出之心，对孩子的教育又从何谈起？

在所有哺乳动物中，除了有袋类动物的幼崽，人类的婴儿是最脆弱的。大多数哺乳动物生下来就具备了一定的生存能力，小象出生不到一个小时就能自己走路，小马出生十五到三十分钟就能站立行走。为什么人类这么高等的哺乳动物，生下来的婴儿却如此脆弱，不能站立，不能走动，不能觅食，不能说话，一切都要靠人照顾，而且这个照顾的周期还如此漫长？

从生理上而言，这当然与人类的进化及大脑发育息息相关，但我更愿意相信：婴儿之所以需要长期的被照顾，是为了给父母一个天大的机会——通过贴身照顾养育孩子，来进行充分的情感投资，建立足够亲密的亲子关系。除此之外，也给了父母一个重新学习爱的机会，让父母的心再次柔软，让父母可以去全身心不求回报地付出爱、体验爱、学会爱，成为更好的自己，成就更丰盛的人生。表面上看来，是孩子需要我们，但本质上，是我们需要孩子。

所以，把孩子带在身边亲自教养和陪伴，实在是为人父母最基本的义务和责任。经济压力大？夫妻俩一方暂时少工作或者不工作会全家饿肚子吗？工作忙？离了自己，地球会停止转动吗？但凡这样一想，我们就会发现，办法总是能想出来的，时间总是能挤出来的，就看你对孩子是有心还是无心。

需要上班的父母，下班后尽量多陪孩子，每天至少30分钟。如果有可能，夫妻中一方找一份时间相对自由的工作，可以是兼职，抑或是自由职业，多点时间照料和陪伴孩子。条件好点的，如果夫妻中一方愿意，能全职在家照顾孩子至少3年，当然是更好的。

有位妈妈，孩子1岁多，坚决在家当全职妈妈，一个人带孩子，她的一句话让我印象特别深刻：孩子有了我亲自教养的前3年，后面谁带他我都不怕了，孰轻孰重，自己想吧！

没错，0—3岁是孩子身体发育、心智发展、习惯养成的关键阶段，这个阶段打下的良好基础，会让孩子一生受用。这个阶段教养得当的孩子，后续的成长就会让父母很省心。这真是一个看得明白也活得明白的好妈妈。

四、今天，我陪你慢慢长大；明天，你陪我慢慢变老！

高品质的亲子陪伴才是最好的教育。爱会生发爱，爱亦能引发恨。当孩子得不到足够的关爱与陪伴，很可能就会由爱生恨，恨父母不关心不陪伴自己，恨自己生在这样一个家庭，甚至恨自己不该来到这世上。在这样的怨恨之下，还奢望孩子日后能接受你的教育？我只能说：父母若在孩子小时不将其带在身边好好教养，你就做好孩子以后越大越叛逆的准备吧！

缺乏父母的爱与陪伴的孩子长大后，也许他们不缺金钱、不缺房子，唯独缺的是一颗完整的心——他们拥有的，只是一颗极度匮乏安全与爱的破碎的心。没有被珍贵地呵护过，又如何找到安全？没有被深切地爱过，又如何学会爱人？他们终其一生，可能都在恐惧与孤独中度过。而作为父母，你又何其忍心，亲手葬送你的亲生骨血未来一生的幸福？

以牺牲对孩子的陪伴与教养为代价，就算你赚到了财富，挣得了功名，爬上了高位，但蓦然回首，你的孩子，那个当初纯净美好的天使，早已满身戾气，你才会意识到：自己的人生犹如一袭华美的袍，外在光鲜，内里却千疮百孔，那种刻骨的绝望与愧悔，让你几近窒息。这世间，功名利禄皆可从头再来，唯有孩子一旦出生，就没有机会从头再来。正因如此，孩子教育的失败，也许才是我们人生最大的失败。

"今天你送我上最好的学校，明天我送你去最好的养老院。"童言无忌，却一语惊醒梦中人。我想，人生真正的成功大概就是：亲爱的孩子，今天，我陪你慢慢长大；明天，你陪我慢慢变老。

下面这首小诗，与天下爱孩子的父母共勉。不写诗已经很多年，感谢我亲爱的"小棉袄"，带给我无尽的温柔，重新唤起我尘封多年的对于诗的激情。

妈妈，你怎么舍得我留守

妈妈，你怎么舍得我留守
我还那么小
你，就是我的太阳
你在，我才能安心地入睡，在梦中绽放的也是微笑
你不在，我的世界黑暗一片，在梦里也是恐惧地哭泣

妈妈，你怎么舍得我留守
我还那么弱
你，就是我的支柱
你在，我才能无虑地成长，跌倒了也不怕伤痛
你不在，我的生命绝望无助，跌倒了也只能默默地流泪

妈妈，你怎么舍得我留守
我是那么可爱
你，就是我的舞台
你在，我才能尽情地绽放，你永远是我最忠实的观众
你不在，我的舞台沉默死寂，我再优秀也无人为我喝彩

妈妈，你怎么舍得我留守
我是那么优秀
你，就是我的征途
你在，我才能坚定地前行，你永远是我最骄傲的榜样
你不在，我的征途形单影只，我再努力也无法把你触及

妈妈，你怎么舍得我留守
其实我真的很乖
乖到我不敢向你大胆地要求陪伴
你的一个不在乎的眼神、一句不经意的话语
都会让我望而却步，话到嘴边又咽下

妈妈，你怎么舍得我留守

其实我真的很懂事

懂事到我不会向你任性地要这要那

我可以不穿新衣、可以不要新玩具

只要你好好陪在我身边，看我长大

妈妈，你怎么舍得我留守

其实时间它真的很快

快到一转眼我就会长大

不再向你撒娇、不再要你抱抱

只是那个时候，你我是不是都会有点遗憾……

第四章　构建角色铁三角，练就中国好父母！

电视剧《虎妈猫爸》的播出，在广大父母之间引发了一场热烈的讨论，有点赞的，有批判的，有选边站的，也有纠结不定的。

强势的"虎妈"是"圈养"孩子的代表，为了孩子所谓的"成功"，试图严格控制孩子的一切；"猫爸"则是"放养"孩子的代表，为了孩子的快乐和幸福，甚至放养到有点溺爱、纵容的程度。

要"放养"还是"圈养"？怎么"放"怎么"圈"？这些真是令人头痛的问题。教育圈就是这样，各路专家、各种流派、各种理论、各种方法，"你方唱罢我登场"，有些还是"对台戏"，随时能让无数战战兢兢、"无证上岗"的父母疑惑不已。比如，前脚刚有人倡导父母要和孩子做朋友，后脚就有人跳出来告诉我们：绝对不能和孩子做朋友！

其实，细究起来，这些命题大多都是伪命题。原因很简单，文无定法、教无定势，每个孩子都是独一无二的个体，每个关于教育的问题也许表面类似，但其背景和场景都是不同的，教育哪有什么标准答案？只有基本规律而已。教育也没有那么多的对错之分，有的只是因材施教、因地制宜、因时而变。

所以，真正的问题不在于做"虎妈"还是当"猫爸"，而在于什么时候要"虎"一点、什么时候要"猫"一点，怎么"虎"、怎么"猫"。真正的问题也不在于到底要"放养"还是"圈养"，而在于什么时候要放、什么时候要收，怎么放、怎么收。

真正智慧的父母，都是很善于"变脸"的，犹如川剧的变脸戏法，得学会在不同角色之间自如切换。你当然可以和孩子做朋友打成一片，也可以展现家长的爱与权威，还可以扮演教练的角色辅导孩子，只要是在合适的前提下即可。"朋友、家长、教练"，构建好了这个角色"铁三角"，你也能成为中国好父母。

一、平等尊重做"朋友"

先说说朋友这个角色。真正的朋友之间一般怎么相处？当然是平等尊重且界限明确，能彼此理解、换位思考，说得通俗点，就是能说到一起、玩到一起、吃到一起、做到一起，但也有各自的生活，偶尔可能也会吵到一起打到一起，但过后一定能相互认错彼此原谅。

很多父母和孩子之间是有巨大"代沟"的。有些父母总觉得自己是聪明的成人，是威严的家长，是要"管"孩子的，他们不屑于也不乐意和孩子做朋友，所以他们在孩子面前总是高高在上，不肯弯腰、不肯低头、不肯多一点笑脸，更不会蹲下。一旦他们兴起，则会打着"我是为你好"的高尚旗号，随时越界，强势入侵孩子的人生。

一对夫妻带4岁的孩子去逛商场，小家伙一开始进去的时候还挺高兴有说有笑，逛了一会就开始不高兴了，问他怎么了也不回答。后来情况更加严重，他甚至哭闹着说要回家，使劲拽着爸爸裤子就是不肯再逛，闹得特别厉害。妈妈蹲下来问孩子："宝贝，商场这么好玩，你怎么还不开心呢？"小家伙抽泣着断断续续回答："妈妈骗我！只有脚！"妈妈一开始没听明白，后来放眼一看，可不是，从孩子的高度看过去，整个商场只有一对又一对的脚在那里挪来挪去！于是她示意爸爸把孩子抱起来骑到肩膀上，孩子这才破涕为笑。想知道孩子眼中的世界，就得先蹲下来，由孩子的位置和高度去看世界。

一位妈妈发现12岁的女儿开始神神秘秘，老偷偷接电话发短信，抽屉也上了锁，由此极度怀疑女儿早恋。于是在女儿上学后，她径自撬开了女儿的抽屉，翻出了女儿的日记和几张语意朦胧的小纸条。晚上女儿放学回家，迎面而来的就是妈妈一顿暴风骤雨般的训斥："我辛辛苦苦养你这么大，不是让你去谈恋爱的！是让你好好学习给我争口气的！你必须马上给我彻底断绝这个关系，否则，我就当没生过你这个女儿！"从此，原本阳光开朗的女儿变得沉默寡言，脸上再也看不到明媚的笑容，成绩也一落千丈。

但凡没法和孩子做朋友的父母，都是因为"看不见"孩子。你看不见他的情绪，看不见他的需求，看不见他的兴趣和梦想……总之，你看不见他眼中的世界，更看不见他心中的世界。

那么，父母该如何和孩子做朋友呢？

有位父亲，每次带儿子坐电梯，出电梯前都会先按下楼层按钮1。一来二去，儿子小小年纪也养成了这个习惯，每次出电梯前都会先按下楼层按钮1。直到有一天，十岁多的儿子在又一次按下1之后，突然想起来要去问问爸爸。爸爸笑笑问他：

"如果你在1楼，而我刚好按下了1，你觉得会怎样？"儿子恍然大悟，原来，爸爸之所以每次都按下1，是为了不让楼下的人等太久。

这样的父亲，他说出来的话、提出来的要求，孩子自然更容易听得进去。朋友是平等的，要让孩子早起，你就不能赖床，要让孩子爱学习，你就不能老抱着手机电脑。从某种程度上讲，孩子就是父母的一面镜子，父母是什么样的，无论好坏，孩子十有八九都是会学会的。

要想和孩子打成一片做成朋友，我这有几条忠告送上：
- 读几本孩子爱读的书；
- 了解几位孩子喜爱的明星；
- 看几部孩子之间流行的动画片、影视剧；
- 学几首孩子喜欢的歌曲；
- 培养一两种和孩子一致的兴趣爱好；
- 尝试几种孩子喜欢的食物。

如此一来，你就能轻轻松松和孩子说到一起、玩到一起、吃到一起、做到一起，在这个过程中，孩子有什么心里话和小秘密之类，很自然地就会对你说出来。了解和理解孩子，是确保教育有效的良好开端。

二、恩威并济当"家长"

朋友这个角色固然重要，但只做朋友是远远不够的。有的时候，父母必须拿出家长的样子来。家长家长，一家之长，这个词里，既包含了长辈对孩子深深的爱，也包含着长辈的责任与威严。

如果说朋友之爱是一条涓涓细流沁人心脾，家长之爱则是一片汪洋涵括身心，饱含着更多的深情、更大的包容。想想看，我们的父母最关心的是我们的什么？我每次打电话回家，老爸老妈念叨我最多的，从来都不是让我好好工作努力赚钱，而是好好吃饭睡觉保重身体。这才是真正的关心与爱——他们关心的是我这个人本身，而不是钱财、身份、地位等那些我身上的附属品。每每这时，我都会在心底涌起浓浓的暖意，似乎又变成了小时候那个缩在老妈怀里、趴在老爸背上的自己，这是我一生最大的心理营养之源。

问问自己，我真的发自内心地关心自己的孩子吗？还是，我更关心的其实是他的学习成绩、课堂表现？孩子每天放学回家，你的第一句话是什么？很多家长的口头禅是:"上课认真听讲了没有?作业做完了没有?考试了没有?"你要知道,你这句话传递给孩子的信息就是:我关心的是你的学习、你的作业、你的成绩!唯独,却没有关心孩子本身!孩子是活生生的个体,不是学习的机器。下次孩子回家,请记得真诚地关心他:"今天开心吗?累不累?要不要休息一下?有没有什么需要我帮忙的?"

别忘了,再多的爱,也需要有温度的表达。如果你头也不抬地问孩子:"去哪儿呀?"孩子可能直接顶嘴:"你怎么什么都管呀!"如果你走到孩子身边,温和地看着他的眼睛:"你要去哪里能告诉我吗?我的意思是,我很担心,不知道你要去哪里,希望你出去玩时最好和我们说一声。"孩子一定不好意思拒绝。

问问自己,我真的发自内心地爱自己的孩子吗?如果他不够聪明、不够优秀、不够听话,甚至还时不时犯错、捣蛋、闯祸,我还会爱他吗?会不会觉得他丢了我的脸,甚至浪费了我的人生?就算全世界都唾弃他,我还能一如既往地爱他、温柔地拥他入怀,告诉他"至少还有爸爸妈妈"吗?

爱是家长这个角色的A面,威严则是这个角色的B面。那些呼吁父母"不要和孩子交朋友"的文章,其依据是:一个扑向火的孩子,父母要立刻拉开他,而不是耐心向他解释火的危险,让他自己选择要不要摸火。立刻拉开孩子当然没错,可是,当我们拉开孩子之后呢?难道不需要继续耐心地向他解释火的危险,帮助他从此学会自我保护吗?难道孩子以后每一次碰到火都要靠父母来拉开他?这显然是行不通的。

所以,在某些特定的情况下,父母当然需要威严,这是父母作为监护人必须承担的责任,以帮助孩子树立正确的规矩意识和原则意识,守住人生的底线。但,这显然并不足以成为反对父母和孩子交朋友的理由。

事实上,孩子既要爱,也要管。不少家长最容易犯的两个错误莫过于,一是没有原则地过度溺爱纵容,导致孩子是非曲直不分;二是虽有原则却不懂坚持,往往因为孩子一闹腾就"缴械投降",最终被孩子"绑架"。

有网友曾经向我咨询,她弟弟家的两个孩子去别人家玩时,总是喜欢拿别人家的物品或是零钱,问我该怎么教育。

我追问了下孩子的成长背景和父母的教养方式,结果发现以下几个关键点:(1)孩子的带养人以爷爷奶奶为主,爸妈管得少,爷爷奶奶比较疼孩子,零花钱给得很多,让他们养成了大手大脚的习惯;(2)孩子爸妈对孩子的教育过于放纵,比如亲戚去看望爷爷奶奶时带的礼物，妈妈会让孩子只管拆开吃，总怕孩子吃不到嘴里；姑姑发现孩子私自拿了奶奶10块钱要教育孩子，爸爸却在一边翻白眼阻止姑姑。

很明显，无论是爷爷奶奶还是爸爸妈妈，都犯了一个共同的错误，那就是在钱的给予和使用方面对孩子没有原则、没有计划，导致孩子花钱大手大脚，对钱没概念。同时，爸爸妈妈在对财物的所有权和使用权上没有及早给孩子树立一个清晰的概念，甚至做了错误的示范，导致孩子把不经允许私自吃别人东西、拿别人财物当作无所谓的事情，进而养成了不良习惯。

一个6岁的小女孩，每次要求得不到满足时就会大哭大闹，或者原地赖着不动，直到妈妈坚持不住让步为止。妈妈也知道老这样让步不好，可是每次坚持不了几分钟，一看孩子的可怜样，或者一看时间紧张来不及和孩子纠缠了，就会忍不住妥协，顺从孩子意愿。最后发展到孩子竟然在妈妈又一次"缴械投降"之后当众嘲笑她："你看你，又浪费了这么多时间，早点答应我不就早点结束了吗？"妈妈的权威和尊严跌落至此，岂不悲乎？

事实上，哭闹只是孩子争取自己权益的一种本能抗争而已。既然是抗争，那就是持久战，"胜败"的关键在于谁更能坚持。在这件事情上，孩子其实没我们想象的那么"成熟勇敢"，通常他们会察言观色，一旦发现大人的态度非常坚决，闹腾并不起任何作用，甚至只会招来惩罚，几次之后，他们自然就会乖乖放弃这一招。

所以，每次碰到因为这个问题来咨询的父母，我都会笑着反问："你能做到狠心吗？如果能，那我的方法会有效，反之，不光是我，估计任何大师和专家都很难搞定。因为办法很简单，只有六字真言——不生气，不放弃。"

这意味着，你要温柔而坚定，你不会被孩子的闹腾所激怒，你也不会阻止他的闹腾，只要不伤身体、财产就好，其中的身体、财产，既包括别人的，也包括自己的。如果伤害到身体和财产，你要立即出手加以制止。除此之外，你只需要温柔冷静地陪伴，绝不要放弃自己的原则、轻易妥协即可。

等孩子闹到自己觉得没意思，止住了，你淡定地来一句："好了吗？好了那我们聊聊吧。刚才是因为……所以不能满足你。下次如果你有什么要求，要记得好好和爸爸（妈妈）说，我们可以谈判，只要是合理的，爸爸（妈妈）一定会满足你。

（爸爸）妈妈爱你。"如此一来，孩子慢慢就会知道，哭闹解决不了问题，合理表达情绪和需求才是真正的解决之道。

三、引领支持成"教练"

孩子的成长是一个心智逐步发展与成熟的过程，要让孩子走得更远，父母还必须得是一个优秀的教练。什么是教练？简单来说，教练不是老师，不是保姆，而是既温柔又坚定的陪伴者、引领者、支持者。

苏格拉底是世界上最有智慧的教练之一。相传苏格拉底与一群贵族打赌，他要让一个从来没有接受过教育的小奴隶，当着众多人的面，说出从未学习过的知识。在众目睽睽之下，苏格拉底通过一番问话，8岁小奴隶竟然说出了毕达哥拉斯定理（即勾股定理）。苏格拉底以此告诉人们，其实人类的智慧早已经隐藏在每个人的心中，关键是如何让智慧浮现出来。提问就是激发智慧的最佳途径，也是教练的基本形式：尽量只问不答、先问后答。

直接告诉孩子答案、通过提问引导孩子自己找到答案，这两种方式哪个更难？仔细想想就会发现，其实提问比给答案要难得多。因为合理的提问，其实就是通过一个个问题，来启发和引领孩子的思路，最终帮助他抽丝剥茧、一步步找到答案。这样一来，孩子掌握的就不只是一个答案，而是找到答案的思维与行为路径。

更重要的是，孩子会因此而逐渐掌握一门关键的本领——提问，包括如何向别人提问，如何向自己提问。所谓学问，就是学习问问题，而不是学习答问题，如果一个孩子能够懂得怎样去问问题，就等于给了他一把通往世界的钥匙，他就能自己去打开各式各样的大门，自己去分析问题、解决问题。

做教练型的父母其实很难，因为你可能已经习惯了直接给孩子答案，直接指导孩子，即所谓授孩子以鱼，而非授孩子以渔。让你忍住不说，花费这么大的力气去变着法地提问绕弯子，明明一分钟能说完的事，要绕上十分钟甚至更多，你能沉得住这口气吗？

要做到这一点，你必须充分相信自己的孩子，相信他是充满智慧的。不要以为孩子小就没有智慧，事实上，每个孩子都拥有与生俱来的内在力量。你必须尊重和敬畏这种力量，只有这样，你才不会急着要给孩子答案，相信问题的答案早已经在孩子心中，教练型父母的价值就在于如何激发和引导孩子的智慧浮现出来。

有位妈妈向我咨询：儿子在一个瀑布底下找到一块小石头，形状很像奥特曼头上的变身印记，他如获至宝，拿给我看完又给其他小伙伴看。一个女生一把将石头抢过去，说道："这块石头给我了！"儿子不肯，想抢回来，那个女生索性就把石头扔到了水潭里。儿子傻眼了，要下水去找，被我拦住了。他愣着站了一会，躲到一旁掉眼泪。其他男生纷纷说他："至于嘛，不就一块破石头！"但儿子非常愤怒与委屈，后来甚至跟我说真想用石头砸那个女生的头，我却不知道该如何回应。

孩子自己捡到的石头被抢被丢，觉得愤怒和委屈很正常，父母要做的第一步当然是先处理心情。不妨拥抱和安抚他："孩子，你一定很生气，妈妈听你这么一说也很生气，明明石头是你先捡到的。"孩子此时一定觉得妈妈真是天下最理解他的人。第二步，再处理事情。请看以下的模拟对话：

妈妈：你这么生气，那你想怎么办？
孩子：我真想拿石头砸她。
妈妈：是的，这听起来也是个办法。那如果把她砸伤了会怎样呢？
孩子：砸伤了是不是问题就严重了啊，是不是我就得承担责任啊？
妈妈：是的，你肯定需要去赔礼道歉，爸爸妈妈也会受到批评，家里还要承担治疗赔偿费用，如果你满了14岁，甚至可能还要接受法律惩罚，进少管所劳动改造。
孩子：那……（沉默）
妈妈：你愿意有这样的结果吗？
孩子：不愿意……
妈妈：来，让我们换个角度想想看，那个女生为什么要抢走你的石头？
孩子：她也看上了喜欢上了呗！
妈妈：这说明你的眼光和运气都不错。
孩子：那是……（心情开始变好）
妈妈：当那个女生抢走你的石头时，你为什么要马上去抢回来呢？
孩子：是我先捡到的，我怕她拿走就不还我了。
妈妈：如果你不急着去抢回来，结果会怎样？
孩子：可能，她就不会把石头扔到水潭里去了。
妈妈：如果她没把石头扔掉，你怎样让她能主动把石头还给你呢？

孩子：没准儿先让她玩会儿，这还有可能。

妈妈：嗯，不过也有可能她玩完后还是不想还你，那你怎么办呢？

孩子：那她也太过分了。

妈妈：是有点过分，不过，你是男生，是有宽容气度的小男子汉不是吗？

孩子：那当然啦！谁和女生一样小气！算了，就是一个石头啦，她实在想要，送给她不就得了，反正我也是捡的！

妈妈：（拥抱或者拍拍孩子肩膀）是的，我们家儿子长大了，知道包容女生了！我想，如果你这么大度，她肯定也不会介意玩好之后给你玩几天的，说不定你们俩会因此而成为好朋友的。

孩子：能给我玩几天那是再好不过啦！

妈妈：那下次再有这种情况，你会怎么说、怎么做呢？

孩子：我会告诉她：你喜欢那就先拿去玩吧，玩好了别忘了让我也玩几天就行。要真舍不得，我玩几天后再给你，你拿去保管，就当我送你的礼物好了！

这是一段典型的教练型父母与孩子的对话，也是一个引导与启发孩子内在能量和智慧的过程。通过妈妈的提问引导，孩子逐步意识到以暴制暴不是解决问题的最有效的方法，从而学会了冷静处理冲突，同时也学到了可贵的同理心和包容心，展现出更大的胸怀。这样的孩子，将来也一定能更圆融地处理人际关系。

在这个过程中，妈妈不需要给任何具体建议，只需要引导孩子学会分析他所遇到的矛盾是大事还是小事，同时引导孩子明白，小事可以得饶人处且饶人，退一步反倒会有更好的双赢结局。

当然，在这样的教练式对话中，孩子不一定会有这么顺利的配合度。但没关系，作为父母，你只要掌握教练式对话的基本原则就行。尽量不给答案，多提问，通过提问层层深入，帮助孩子厘清分析问题的思路。当然，孩子实在答不上来时，你可以给予适当的暗示和启发。

教练型父母经常使用的8个问句：

（1）发生什么事情了？

（2）你的感受是怎样的？

（3）为什么？

（4）你想要什么？

（5）你觉得有些什么办法？

（6）这些办法的后果会怎样？

（7）你决定怎么做？

（8）你希望我做什么？

当孩子已经付诸行动后，记得再进行一些追问：

（1）结果怎样？

（2）为什么？

（3）有什么经验和教训？

（4）还有什么能弥补的？

（5）下次碰见同样的事你会怎么做？

（6）如何避免类似的问题再次产生？

除了提问、引领和启发，教练型父母还必须为孩子提供必要的支持，但绝对不是代替包办，而只是在自己力所能及的范围内，为孩子提供适当的精神及物质支持。至于最后怎么行动，行动能否成功，那是孩子自己的事情，就像助产医生只能引导孕妇生孩子，而不能代替她生孩子一样。

真正智慧的父母，既不会盲目放养孩子，也不会一味管制孩子，而是尊重孩子、恩威并济、引领支持，在朋友、家长、教练这三个角色之间轻松切换、游刃有余。

第二篇

学会生存：
给孩子一个健康的身体！

导　言　孩子，原谅我无法保你一世安稳！

亲爱的宝贝：

我是妈妈。

那一天，阳光灿烂，在郁郁葱葱的公园里，3岁多的你在林间大道上撒了欢儿地尽情奔跑，从妈妈这里跑到爸爸那头，又从爸爸那里跑回妈妈这头，乐此不疲。斑驳的树影在你的小脸上欢快地跳跃，你银铃般清脆的笑声一路洒落在疏疏密密的林间。

看着你大步奔跑的小小身影，我知道你日益长大，总有一天，你会离开我们，去独自面对这个世界，去追求自己的梦想，去开创自己的生活，而且，总有一天，爸爸妈妈都将离开这个世界，到那时候，谁能像我们一样爱你、照顾你、保护你呢？答案是：没有！是的，很遗憾，没有。就算你将来会拥有真挚的朋友、温暖的亲戚、亲密的爱人，但他们都无法真正像爸爸妈妈这样爱你、照顾你、保护你，因为他们没有这个义务和责任。即使是与你结婚组建家庭的另一半也做不到，因为爱情的本质是付出，而不是索取。

所以，宝贝，原谅我无法保你一世安稳！在那一天到来之前，我能想到最重要的事，就是教会你如何爱自己、照顾自己、保护自己。具体点说，你人生的第一课，是要学会生存：如何能拥有一个健康的身体，并且能顺利、平安地活下去。

宝贝，虽然你现在还小，但生存这件事，绝不能等到你长大了再去学，也绝不能等到危机已经来临再去学。你要知道，对妈妈而言，哪怕你面临危险的概率只有百分之一，那都是百分之百。今天，如果妈妈不能让你学会独立生存，从某种程度上讲，就是给你未来的生命埋下隐患。这个赌局，妈妈赌不起，你也赌不起。

所以，在生存这件事上，我会非常严格地要求你、训练你，纵然妈妈内心有一千个一万个不舍，但凡事有舍才有得，我必须舍得让你做事、舍得让你吃苦、舍得让你流泪、舍得让你受伤、舍得让你失败。只有这样，你才能在做事中明白责任、在受苦中懂得珍惜、在流泪中铸就坚强、在疗伤中学会拼搏、在失败中收获毅力。

你第一次自己抱着奶瓶喝奶，不过6个来月，我把你放在地垫上躺着，在你脑袋下方垫上一个厚厚的枕头支撑着，然后把那个100毫升的奶瓶放到你胸前，教你自己用两只小手抱住奶瓶送进嘴里。奶奶当时在一边叹息："这么小的娃，真是心疼！"看着你那么费劲地努力扶住奶瓶，好几次都差点滑落下来，妈妈当然也是心疼的。但我忍住了要放弃的冲动，一次次帮你扶起滑落的奶瓶，直到你自己能稳稳地扶住为止。

所幸，你的学习和适应能力大大超出了妈妈的想象。从第二次开始，你就能非常熟练地自己把奶瓶抱住，送到嘴边，而且再也不滑落。妈妈还禁不住有点小得意地跟奶奶炫耀："你看，咱家孩子很厉害吧，这不就学会了么？"于是从那次开始，对妈妈的所谓生存训练计划，爷爷奶奶基本不再干涉，我知道，不是他们对妈妈有信心，而是我们都对你有信心——在你小小的看似柔弱的身躯里，蕴藏着多么神奇的力量啊！

生存这件事，你都需要学些什么呢？妈妈梳理了一下，主要是以下四个方面。

一、生活习惯

这些年，无论是在小区里，还是在小区外，妈妈总能遇到越来越多的"小胖墩""小眼镜"，看着他们圆滚滚的身材、厚厚的小眼镜片，我都会忍不住替他们隐隐担忧，同时，也会在心里默默地再次提醒自己：作为妈妈，一定不能让你变成这样。

爸爸妈妈身材管理得还行，但都是多年的近视，这辈子估计是摘不掉眼镜了。虽然妈妈知道近视可能会有遗传，但我多么希望，你能拥有一双明亮清澈的眼睛，不用承受各种近视的烦恼和不便，比如在进行打球、游泳等运动时，近视会带来很多麻烦，甚至引发危险。

宝贝，你要记得尽量吃家里做的饭菜，少油少盐少调料，少吃零食少喝饮料，控制肉类，多吃蔬菜水果，每天来一杯豆浆或绿茶、几大杯白开水；记得早起先来杯温开水，好好上个"大号"，不要憋尿；记得早睡早起，每天留点时间放松玩乐和运动；记得要讲卫生，早晚刷牙，饭前便后要洗手，冲马桶前先合上盖，每天冲个凉、换洗内衣裤和袜子，每周换洗床上用品；记得控制好每次看手机、电脑等电子产品的时间，多看窗外多远眺，不要在昏暗的光线下看书学习工作。

别嫌妈妈啰唆，因为生活习惯其实真没有什么大事，都是一件接一件的小事。但是，小事不注意，累积的日子久了，就会变成大事。外卖、路边摊、方便面、甜点、饮料之类，偶尔馋了忙了吃一顿尝一下当然没事，倘若经常如此，就难免导致肥胖、三高、营养不良等问题。偶尔熬个夜不是问题，倘若长期熬夜，一个星期下来身体肯定吃不消，如果再久点，疲劳成疾甚至猝死也不是危言耸听。偶尔不刷牙不洗脸就睡觉也没事，倘若长期如此，你的牙齿和你的皮肤肯定都要出问题。一次两次用眼过度不是问题，但时间一长，眼睛失去调节能力，近视也就找上你了。

宝贝，所谓"身体发肤受之父母"，你的身体是座圣洁的殿堂，连接的是爸爸妈妈的心，你要爱它、珍惜它，这是对爸爸妈妈最大的爱与慰藉。不过，你的身体虽然源于爸爸妈妈，但从你呱呱落地那天起，它就属于你自己了，它是你灵魂的栖息之地，是你梦想的承载之舟，有了它，你才能在大地上行走，才能感受这个美妙多姿的世界。

所以，爱自己，就先从这些小事做起，善待自己的身体，倾听它的需求，它会告诉你它饿了、渴了、冷了、困了、累了、难受了……尊重它的需求，满足它，给它一点点存入健康的生命能量。你存得越多，你的生命能量就越强大，它就能支撑你走更远的路、看更多的风景、实现更多的梦想。

二、自理能力

自理能力，就是你照顾自己的能力。你要学会自己满足自己，在这一点上，所有的生物都是平等的。刚出生的小鸟，首先要学会的就是自己吃东西、飞翔、觅食，然后搬离爸爸妈妈的窝，去构建自己的新巢。

2008年，日本一名四五岁就会做饭的小女孩感动了无数人。小女孩的妈妈得了绝症，觉得自己是个普通人，去世之前完全不知道该给女儿留下什么，最后她觉得，自己唯一能做的，就是教会她做饭、做家务，让她认真地过好每一天，即使自己一个人也能好好地活下去。这是小女孩的妈妈在癌症离世前的心声，但这何尝不是每一位妈妈应该谨记的忠言？扪心自问，就算爸爸妈妈有钱、有权、有地位，这些东西，也许保得了你一时，但在我们走后，还能保得了你一世吗？更何况，爸爸妈妈都只是"草根"出身，所以，妈妈对此从来不敢抱有任何幻想。

宝贝，你人生中学会的第一件事是刚出生就开始自己吸奶，第二件事是六个月时收拾自己的书和玩具，第三件事是十个月时自己练习吃饭，第四件事是一岁时走着去扔自己的纸尿裤。随着你一天天的成长，你也学会了越来越多的事情，收拾餐具、扫地拖地、擦灰、刷牙、洗脸、叠衣服、洗小内裤和小袜子等。每每看到你兴高采烈说着"让我来！让我来！"的样子，妈妈是多么高兴和满足啊！

现在的家用电器很多，洗衣机、炒菜机、扫地机等，相信未来能够给人类提供便利的各种机器更是应有尽有，没有做不到的，只有想不到的。但妈妈希望你不要过度依赖机器，机器虽然可以代替人做很多事情，但永远给不了我们在亲力亲为中付出的那份心思与情感、收获的那份感悟与成长。手洗贴身的衣物，那是在呵护你的身体；亲自动手给家人做饭，那是在表达你的爱；一点点拖干净自家的地，那是在顺便整理你的心。认真去做每一件家务小事，就是在体会如何认真生活、认真过好每一天。

但是宝贝，你要记住，我要你学会做饭、洗衣服、做各种家务，不是为了让你将来为哪个男人去做"保姆"。你不用靠这些去拴住谁的胃，倘若一个男人心都不在了，拴住胃又有何用？

永远记住，你做的所有这一切，首先是为了爱自己，让自己活得更舒服更精致。当你饥肠辘辘，或者想要犒劳下自己时，你能给自己做出一顿精致可口的美食。如果你遇到对的人，能在发自内心的付出里找到爱与幸福，你也可以尝试为他做做饭、洗洗衣服之类，但永远不要期待把这些付出变成筹码。更何况，一个自己都需要别人来照顾的男人，充其量只是个没长大的大男孩，是不值得你托付终身的。如果你将来选择要孩子，你也有能力给他更好的照顾，同时做个好榜样，让他同样学会自理。

三、自我保护

自我保护，就是你保护自己的能力。爸爸妈妈当不了你一辈子的"保护伞"，而你，必须学会做自己的"保护神"。

宝贝，自我保护是一辈子的事情，无论是现在还是将来，你随时都有可能面临各种危险。你要记住，这个世界不光有光明和温暖，也有黑暗与寒冷；不光有善人、好人，也会有恶人、坏人。更重要的是，善人、好人不一定都会长得美丽帅气如小白兔般可爱，恶人、坏人也不一定都会长得丑陋狰狞如大灰狼般令人望而生厌，他们的脸上都不会写字。

所以，你要擦亮自己的双眼，不要被任何人的外表所蒙蔽，不要因为任何外在的人种、肤色、相貌、身材、年龄、衣着打扮等而轻易相信一个陌生人，包括那些看起来像是弱势群体的老人、孩子、孕妇、残疾人之类。你要知道，语言可以撒谎，表情和行为也可以演戏，所以，一句示好的话、一张笑意的脸、一副可怜的外表、一个善意的行为，这些都不能成为你随便相信一个陌生人的理由。

任何时候，不要吃陌生人给的食物，不要接受陌生人的礼物，不要跟陌生人走，不要上陌生人的车，更不能进陌生人的家。出门把包放在身体前面，尽量走大路，不要走小路抄近道，晚上尽量早点回家，不要单身外出。尽量坐公交，如果赶时间要打车，记得坐正规的士，一定要坐后排，上车前一定要先拍下车牌号，上车后尽量拍下司机相貌，第一时间发送给亲友，查好路线，关注司机是否正常行驶，发现不对劲马上要求下车并报警。

去公共场所，记得先看清逃生路线。不要去人多拥挤的地方凑热闹，不要跟人争吵，也不要介入别人的争吵去拉架劝阻。如果你要向别人伸出援手，要记得先确保自己的安全，不要盲目出头，必要时可以呼救或者报警。无论游玩还是探险，如果你要去人迹罕至的地方，记得一定要结伴同行，并且提前通知身边的亲友。

在外用餐记得先上好洗手间再去点餐，中途不要丢下饭菜离开，防止有人趁你不备在你的食物里下药。不要和陌生人随便约见尤其是网友，如果一定要约见，记得一定要选择白天的公众场所，带上亲友做伴。

在家也不要掉以轻心，看好煤气，管好水电，手机远离床头，晚上要关好门窗反锁房门。开门前先别说话，从猫眼看看情况再决定，到了晚上，坚决不要给任何陌生人开门。

对了宝贝，我还要特别强调一点：不要让任何男人伤害你的身体，哪怕是你的恋人、丈夫也不可以！所以，不要和任何异性暧昧，保持至少一米之外的安全距离。记住，一个不尊重和爱惜你身体的男人，他对你的爱也不会深到哪里去。如果你遭受任何形式的身体暴力，不要忍气吞声害怕丢面子，要第一时间告诉妈妈并且报警，可耻的是施暴者而不是受害者！

四、生存技能

宝贝，妈妈说的生存技能，不是指日常顺境下的生存，我说的是在极端恶劣的环境下，比如，把你一个人扔在荒郊野外、陌生的大街，没有钱没有手机甚至没有基本生活物资，你能否活下来？你又能坚持多久？如果你是和一群人一起，又会怎样？

这些宝贵的野外、社会生存经验，比你在学校里、书本上学到的知识，要真实、生动、牢固上百倍。所以宝贝，随着你的成长，我会努力多给你制造这样的机会。不要怪妈妈狠心，虽然你将来面临这种境况的概率确实很低，但谁能保证你的未来就一定是和平与安宁？更重要的是，就算这一天永远不会到来，妈妈也相信，有了这其中历练出来的顽强心态与意志，无论未来遇上怎样的风雨，你都能在绝境中找到生机与希望、在一无所有中勇敢地从头再来。

宝贝，世界如此美好，世界亦如此险恶，就像阳光可以温暖我们，也可以灼伤我们。但无论如何，我们都要爱这个世界，是它让我们得以开启一段无与伦比的精彩旅程。愿你在看透这个世界的险恶之后，还能笑着拥抱这个世界；愿你阳光下像个孩子永保纯真笑容，风雨中像个大人永远勇往直前。

永远爱你的妈妈

2017年9月20日

第五章　生活习惯：小习惯大未来，好习惯好人生！

1978年1月，75位诺贝尔奖获得者在巴黎集会。有人问一位诺贝尔奖获得者："您在哪所大学的哪个实验室学到了您认为是最重要的东西呢？"出乎意料，这位白发苍苍的学者回答说："是在幼儿园。""在幼儿园学到些什么呢？"学者答道："把自己的东西分一半给小伙伴们；不是自己的东西不要拿；东西要放整齐；吃饭前要洗手；做错了事情要表示歉意；午饭后要休息；要仔细观察大自然。从根本上说，我学到的全部东西就是这些。"这位学者的回答，得到了与会科学家的普遍认同。

你也许会觉得他提到的都是一些看起来微不足道的小事，问题在于，这些小事是如何帮助他成为一个伟大的诺贝尔奖获得者的？这些小事究竟意味着什么？把自己的东西分一半给小伙伴们，是分享；不是自己的东西不要拿，是自律；东西要放整齐，是整理；吃饭前要洗手，是讲究卫生；做错了事情要表示歉意，是担当；午饭后要休息，是爱惜身体、规律作息；要仔细观察大自然，是细致用心。做到这些，养成习惯，就算你的孩子不一定能拿诺贝尔奖，但我想，他至少会成为一个优秀的孩子，将来也一定能成为一个有用之才。

习惯的力量为什么如此之大？少成若天性，习惯成自然。儿童时期养成的习惯就像人的天性一样牢固，很难改变。心理学巨匠威廉·詹姆斯对此有过一段经典表述：种下一个行动，收获一种行为；种下一种行为，收获一种习惯；种下一种习惯，收获一种性格；种下一种性格，收获一种命运。几个好习惯可能成就孩子一生，而一个坏习惯则可能毁掉孩子一生！家庭教育从哪里入手？教育家叶圣陶先生说："教育就是习惯的培养。"教育家福泽谕吉说："家庭是习惯的学校，父母是习惯的教师。"因此，从习惯入手，是家庭教育最简单也最有效的方式。

一、习惯到底是什么

具体来说，习惯可以分成两大类：思维习惯与行为习惯。思维习惯是指人的习惯性想法，行为习惯是指人的习惯性做法。思维决定行为，但行为反过来也会潜移默化地影响思维。比如，孩子写作业马虎，其中有很大一部分原因是思维上对自己没有太高的要求，觉得差不多就可以了。如果每次都尽量有条有理地写作业并且认真检查，时间一长，对自己的要求也会不知不觉提高。这样一来，由思想松懈所导致的马虎自然也就逐步消失了。所以，要培养孩子一个好的习惯，或者要改掉孩子一个坏的习惯，都必须同时从思维和行为两个方面入手。

对孩子而言，行为习惯主要有两大类：生活习惯与学习习惯。生活习惯与学习习惯哪个更重要？当然是生活习惯！但很多父母往往只盯着学习习惯，却忘了生活习惯才是学习习惯的基础。连生活习惯都不好的孩子，往往学习习惯也好不到哪里去，反之，生活习惯不错的孩子，学习习惯一般也更容易塑造和培养。原因就在于，生活与学习，这两者之间存在着非常有意思的内在联系，其本质是一脉相承的。

孩子学会了整理房间，自然也能更有条理地整理学习思路；孩子能长期坚持锻炼，那么坚持阅读也没那么难了；一个讲卫生的孩子，自然就会对自己高标准、严要求，不断追求卓越；一个能控制饮食、不挑食、不暴饮暴食、不吃垃圾食品的孩子，自然也会有更好的自控力去遵守纪律；一个能把日常生活安排得井井有条的孩子，自然也能更好地去安排自己的学习。从生活习惯开始培养，也更符合孩子的身心发展规律，因为孩子最早接触的，就是具体的生活环境和一个个的生活细节。

每年的3月25日和4月6日，是日本学校的春假，在这段时间里，孩子们没有任何家庭作业，也不必参加任何由学校组织的活动。放春假之前，小学低年级孩子会带回一份"努力度自我确认表"，这份表格共涉及14个小项目，内容如下：

1. 能够做到早睡早起了
2. 一日三餐都好好吃饭了
3. 不挑食，什么都吃
4. 能够做到总是保持正确的姿势
5. 能够开朗、大方地大声问候
6. 没有受过什么大伤
7. 饭后能做到好好刷牙
8. 认真洗手、漱口
9. 在户外精神焕发地玩耍
10. 没有忘记随身携带手绢和纸巾
11. 借的东西都好好归还了
12. 小朋友之间很友好地在一起玩耍

13. 没有说过小伙伴的坏话
14. 没有脱离小伙伴们

14个小项目，前面10个基本都是日常生活的小事，这些小事就是孩子们春假中最重要的事。在假期中每天重复这些小事，最后就会形成一个个良好的生活习惯，由此可见日本人对从小培养孩子良好习惯的重视。

二、孩子需要哪些生活习惯

孩子的生活习惯具体都包括哪些呢？我将其概括为以下七大类：

1. 饮食习惯

按时、专注地吃饭，不在吃饭时乱动乱玩，不挑食厌食，不暴饮暴食，细嚼慢咽，喜欢喝水，不乱吃零食乱喝饮料，不乱吃烧烤煎炸等垃圾食品。

2. 如厕习惯

早起准时大便，如非特殊情况，有便意不强行憋着忍着。

3. 睡眠习惯

早睡早起，适当午睡。

4. 卫生习惯

讲究卫生，早晚洗脸刷牙，饭后漱口，饭前便后洗手，冲马桶前先合上盖，勤洗头洗澡，勤换洗衣服，每周修剪一次指甲，不用手揉眼睛，不掏鼻屎，不啃手指，不咬笔头，不随地吐痰、随处大小便，不乱扔垃圾。

5. 身体习惯

保持正确的坐、立、行姿势，不弯腰、含胸、驼背，懂得保护眼睛，不长时间盯看电子屏幕，不在昏暗的光线下看书学习。

6. 玩乐习惯

有自己的兴趣爱好，既能适当独处自娱自乐，也能与小伙伴共同玩乐，不依赖电子产品。

7. 运动习惯

喜欢户外运动，有一两样喜欢且相对擅长的运动项目，每天进行1—2小时的户外活动（6岁前不低于2小时，6岁后不低于1小时）。

这七大生活习惯中，玩乐和运动是比较容易被父母忽视的，尤其是随着孩子逐步长大，开始上小学、中学，学习压力越来越大，时间越来越紧张，这部分时间可能就被逐步地从孩子的日常生活中压缩甚至剔除了。

我见过一个小学一年级孩子的作息时间表，平日早5:40起床，晚9:30睡觉，周末早7:30起床，晚9:10睡觉，每天仅有30分钟的自由活动时间。除此之外，时间表上密密麻麻地写满英语、奥数、国学、钢琴、围棋、音乐、机器人等各种课程和作业，看得我都有点透不过气来。

这样的父母一定还有很多，他们不是没有办法，而是不敢放下，害怕一放松孩子可能就会"输在起跑线"，害怕孩子终将成为一个普通人。

事实上，孩子的两大天性就是好玩和好动，每个宝宝都是在玩和动中开启探索世界的第一步的。如果去问孩子们让他们最开心的事情是什么，有的会说是捉迷藏、跳房子、"打怪兽"、丢手绢、踢球，有的会说是演戏、过家家、搭堡垒、扮装游戏……那些真正会学习的孩子，其实都是会玩的孩子。玩乐一方面是孩子探索自我、激发创造力、发展人际关系的最佳途径，另一方面也是释放压力、获得幸福感的最佳途径。小时候没玩够的孩子，往往大了就容易贪玩厌学。而运动，除了可以保持身体健康、精力充沛外，同样也能释放压力、调节孩子的情绪。

心理学家约翰·马里做过一个有趣的研究。他发现未成年的猴子喜欢在笼内相互嬉戏、追逐，于是他把一部分小猴子分到别的笼中，不让它们玩耍，这些失去玩耍机会的猴子，长大以后变得十分呆木，有些甚至失去求偶及繁殖的本能。可见，玩耍是小动物成功长大的方式，猴子如此，人类也是如此。[①]

美国北卡罗来纳大学的一项研究发现，幼儿时期能够尽情玩耍的孩子，到了5岁，他们的智力要比玩得少的孩子高出许多，尤其在解决问题上表现得更优秀。玩不仅不会浪费孩子的宝贵时间，而且对孩子的智力发育起到非常积极的作用。很多的研究都表明：孩子若缺乏充足的玩乐时间，他们的发展就会面临很多严重的问题，比如孤僻、焦虑、抑郁、注意力不集中、自我控制能力差等。

所以，孩子越小，越要多玩多动；孩子学习压力越大，越要学会放松玩乐、加强运动锻炼，有张有弛、劳逸结合，只有这样，才能保证孩子以更好的身心状态去

---

① 参见芦爱英：《略论游戏在儿童身心发展中的作用》，载《黑龙江农垦师专学报》，2003（2）。

迎接挑战。

三、如何培养孩子良好的生活习惯

要培养习惯，首先就得先了解习惯的秘密。比如挤牙膏时，有人习惯随手抓起牙膏就挤，有人习惯从中间开始挤，有人习惯从牙膏尾部往上一点点挤，甚至还有人挤完后要把牙膏尾部卷起来。挤牙膏的方法当然还有很多，你用的哪种挤法？如果我请你下次挤牙膏时改变一下方式，以前是有规律挤的请你改为乱挤，以前是乱挤的请你改为从尾部开始一点点挤，你觉得结果会怎样？

我很确信，最常见的结果无外乎两种情况：一是你下次挤牙膏时会把我的提议忘到九霄云外，因为你已经习惯了拿起牙膏就按自己以往的方法去挤，习惯到根本不需要想一下，你忘记我的提议当然情有可原；二是你突然想起我的提议并且决定尝试一下，结果你挤完感觉很别扭，你非常不习惯这种新的挤法，所以，下次你会毫不犹豫地恢复自己以前的习惯。

这回你肯定体会到了，习惯是一个多么顽固的存在！这，就是习惯的秘密。**要养成一个新的习惯很难，而一旦一个新的习惯养成之后，要改变也很难。所以，习惯养成需要足够的时间和毅力，你不能指望你一句要求、一顿训斥，孩子就能立即改掉坏习惯、养成好习惯，这是不可能的。连成人也无法做到，更何况是孩子。**

你一定很关心，到底坚持多久才能养成一个新习惯？有两个时间很关键，一个是21天，一个是90天。**21天可以初步养成一个新习惯，90天可以完全固化一个新习惯。**习惯初步养成的状态是"舒服但需要意识"，我们的身体已经觉得可以接受、比较舒服了，但还需要有意识地自我提醒，一旦不提醒自己，我们很可能就会忘记。习惯完全固化的状态是"很舒服且无意识"，我们的身体已经完全适应这个新的行为，在实施时觉得很舒服，并且已经不需要任何提醒，无意识、很自然地就能实施这个行为，这就是所谓的"习惯成自然"。

理解了习惯养成的秘密与规律，你就会对孩子的习惯纠正与养成抱有更多的宽容与耐心。下面我提供两点具体的操作思路。

1. 第一次就做到

我女儿从能爬开始我就让她收拾自己的玩具和书，后来她能走了就开始让她收拾自己的鞋子、衣物等。她第一次自己动手吃东西之前我就让她先洗手，第一次自己走着出去玩时我就让她出门进门都换鞋并且要摆整齐。所以尽管那个时候小小的她还不明白为什么要这样，但她其实已经做得很好了，最有意思的是，后来经常是她反过来提醒爷爷奶奶："换鞋！还没洗手！"这便是第一次就做到的力量。

从孩子生下来第一天开始，父母就必须和孩子一起遵循良好的生活习惯，营造规律、稳定的家庭生活节奏与环境，要求并辅导孩子"第一次就做到"，比如饭前便后要洗手、早晚要刷牙、物品用完要归位等。第一次就做到，这是最简单最有效的途径，也是最适合婴幼儿阶段的习惯养成方式，因为这个时候孩子就是一张白纸，这第一笔，你想怎么画就可以怎么画，孩子在不知不觉中就自然会接受、做到。很多孩子之所以长大之后会有这样、那样的不良习惯，大多是因为这第一笔就被父母给画歪了或者遗漏了。等到孩子逐步发展出自己的独立意识与主见，才修正或者塑造他们，自然会困难很多。

我这些年接到大量的父母咨询，最共性的就是孩子吃饭的问题。本来，吃饭是人的本能，饿了就吃，吃饱了就不吃，只要生理发育正常的孩子，肚子长在他自己身上，他自己一定最清楚自己想吃什么、该吃多少。为什么现在这么多孩子不好好吃饭？主要原因还是父母没有从小培养孩子良好的吃饭习惯。

先说挑食的问题。婴儿阶段孩子的味觉是不敏感的，从添加辅食开始，只要你不以成人的感觉去瞎做判断和筛选，米面肉蔬菜水果干果等，除了特别刺激的比如姜蒜辣椒之类，尽可能各种食物都给他尝试的机会，并且别加调料，孩子都能接受得了。这样一来，孩子自然就不容易挑食了。

再说说光吃零食不吃饭的问题。孩子第一次吃的零食是谁给的？一定是成人给的。如果你提供的零食是含有大量添加剂调味剂的、口感特别"好吃"的，如果你是在正餐饭点提供的，如果你给的量过多，这些都会让孩子对零食产生依赖，最终导致不好好吃饭。所以，省点事，不要费尽心思给孩子买一堆零食，只在加餐时间提供少量健康零食，如干果、酸奶、水果等就足够了。如果孩子还是不吃饭，没关系，停止提供零食，正餐到点提供、到点收走，孩子不吃或者没吃完，就让他饿着。放心，少吃一顿两顿，孩子饿不坏，到最后实在饿了孩子自然会吃。

最后说说边吃边玩的问题。孩子不吃了就当他是吃饱了，不要为了让他吃饭而千方百计地哄他，又是玩具又是动画片之类；也不要追着他强行喂饭，动不动"宝贝再来一口"，饥还是饱，这是人的本能，刚出生的宝宝就已经有这个感受能力了。可惜，有的父母就是不肯相信孩子自己的感受和判断，正所谓"有一种冷叫你妈觉得你冷，有一种饿叫你妈觉得你饿"。

2. 孩子生活习惯养成四部曲

一部曲：改变思维

改变思维的目的是让孩子明白"为什么要做"，只有深刻理解了这一点，他才会有足够的动力或者压力去行动，这就是通过改变思维来改变行为。

人都是趋利避害的，所以，改变思维的两个关键词就是好处、坏处，好处是"利"，坏处是"害"。父母要让孩子充分认识和理解以下两点：如果养成了这个好习惯会给他带来哪些切实的好处，这是"动力"——我想要；如果做不到或者没有做好，可能会给他带来哪些坏处，这是"压力"——我不得不要。

比如，为什么要坚持锻炼身体？对幼儿来说，好处是可以长高、不生病；如果不好好锻炼身体，就长不高、容易生病，而且生病了就不能出去和小朋友一起玩了。对更大的孩子来说，好处是强身健体、释放压力，身体是革命的本钱，有了好身体才能好好学习和生活、早日实现梦想；没有了健康的身体，就等于没有了一切。

在实际操作时，记得多用"教练"角色，不要干巴巴地讲大道理，要站在孩子的立场，多和他探讨沟通，多用案例和事实说话，尤其是孩子身边的例子，或者是一些名人的例子。

二部曲：营造环境

这里的环境，指的是家庭环境，既包括家里的氛围，更包括父母的以身作则。环境是一种看不见的力量，却也是一种最有效的影响力量，它就像一只无形的手，无时无刻不在引领着孩子。孟母三迁，原因就在于此。对于一个价值观尚在逐步树立，自控力尚在逐步养成的孩子而言，要求他"出淤泥而不染，濯清涟而不妖"，实在是太高估也太难为孩子了。

我发现一个很有意思的现象，但凡一个家庭中，父母身材比较胖的，孩子往往也比较胖。除了遗传因素，还有一个更重要的原因可能是，身材胖的父母，往往并不觉得胖一点有什么不好，孩子浸淫其中，自然也觉得胖没什么不好，最后的结果可能是孩子也越来越胖。

有一对夫妻都很胖，孩子从一岁开始，父母就一天喂孩子两个鸡蛋，还挺自豪地宣称：我们家孩子就是胃口好，能吃。结果可想而知，孩子的体重直线上升，两岁时就已经胖成个"小圆球"，小肚子像塞了个小皮球。要知道，胃是可以撑大的，习惯是可以放纵出来的。

如果你想让孩子好好吃饭，请你自己在吃饭时放下手机；如果你想让孩子早睡早起，请你自己不要熬夜赖床；如果你想让孩子多进行户外运动，请你自己不要老宅在家里；如果你想让孩子讲究卫生，请你自己先做到饭前便后洗手；如果你想让孩子身姿挺拔，请你自己不要动不动跷个二郎腿。

三部曲：教给方法

每个习惯具体怎么操作，要教会孩子方法，具体的步骤、技巧、规矩等要详细讲给孩子，并加以指导。

比如洗手，什么时候要洗？饭前便后、自户外回家之后都要洗。怎么洗？六步骤：（1）打开水龙头淋湿双手；（2）关上水龙头；（3）打上洗手液或者肥皂搓出泡沫（手心搓一搓，手背搓一搓，五指交叉搓一搓，握住指尖搓一搓）；（4）打开水龙头冲干净泡沫（手心搓一搓，手背搓一搓，五指交叉搓一搓，握住指尖搓一搓）；（5）关掉水龙头（用掌心接水冲干净水龙头上的泡沫，用手背关水龙头）；（6）擦干双手（用干净纸巾或毛巾）。

再比如换鞋，什么时候要换？出门、进门都得换。怎么换？出门就换户外鞋，进门换室内拖鞋，换鞋时坐在换鞋凳上，换下的鞋子要整齐摆放在鞋柜里。

四部曲：积极辅导

习惯的养成需要90天的持续过程，在这个过程中，父母必须提供积极的辅导，来帮助和推动孩子更好地坚持下来，最终固化为真正的好习惯。

但很多父母一不小心提供的就是消极的负面辅导，不断打消孩子的积极性或者自信心，直到他们彻底放弃对这个习惯的尝试和练习。比如："你怎么搞的？连个手都洗不干净？你怎么这么不讲卫生？又没洗手就抓东西吃！"你的本意是要提醒孩子好好洗手、及时洗手，可是，你说出来的话却是在无情地打击孩子的能力——洗不干净，贬低孩子的态度——不讲卫生。

积极的辅导应该怎么做？它包括两方面：及时鼓励，委婉纠偏。

父母必须擦亮眼睛，努力找出孩子在练习过程中表现好的地方，比如他的进步、他的努力等，及时给予肯定和鼓励。比如：今天你吃饭前主动去洗手了，很不错！——肯定进步；刚才你洗手时特别认真，搓得特别仔细。——肯定努力。

如果发现孩子依然有做得不够到位的地方，可以委婉地建议或者提醒，来纠正孩子的行为偏差。你可以多用这个句式来提出你的建议：如果再……就更好了，比如：刚才你洗手洗得很认真，如果关水龙头时改用手背就更好了。你也不妨尝试更好玩有趣的"温馨提示"形式，和孩子就某个习惯的执行约定一个他喜欢的提示语或者动作、表情之类，作为提醒他的暗号，比如：洗手可以用"洗白白"这个词作为暗号，锻炼可以用一个甩动肩膀的动作作为暗号。总之，孩子喜欢的、能轻松记住的就好。

最后要注意的是，孩子生活习惯的培养不可急于求成，要循序渐进，由小到大、由浅入深、由少到多，润物细无声，这样，孩子就不至于因为压力太大而产生抗拒或懈怠。大体来说，从孩子出生开始，按照前面我对生活习惯分类的顺序来逐步培养即可：饮食习惯、如厕习惯、睡眠习惯、卫生习惯、身体习惯、玩乐习惯、运动习惯。

小习惯大未来，好习惯好人生，父母送给孩子未来最好的礼物，莫过于在孩子6岁前帮助他养成这七类生活好习惯，为他未来一生的发展打下坚实的基础。如果你的孩子已经错过了这个关键期，唯一的办法就是：马上开始行动！

第六章　自理能力：你理孩子少一点，孩子自理多一点！

每年的大学开学季，总能看到类似的新闻：某某大学新生入学，父母成群结队去宿舍帮忙铺床、洗晒被褥。看到新闻图片里那些父母忙碌的身影，我总会一股难受涌上心头。都已经上大学的孩子，凭什么还要让父母来替自己做这些基本的生活事务？连个床都铺不好、被褥都不会洗晒的孩子，念再好的大学又有何用？

我女儿也会有上大学的那一天，我想，到那一天，如果她愿意，我和先生会高高兴兴地陪她一起去学校，见证她开启人生新的篇章，但我们不会插手任何她的事务。办理各类手续、采购各类物资、整理床铺衣物等，她必须自己去面对和处理，我们也相信这些小事难不倒她。

今天要求孩子自理，是为了明天他的自立，以及后天他的自律。一个生活都无法自理的孩子，必将无法自立于社会，别说三十而立，就算到四十五十，也很难立得起来。一个不能自立的孩子，要想他严格自律，当然也是空谈。而一个不能严格自律的人，一辈子这条漫漫长路就会走得泥泞不堪、极其艰难。

生活自理包括照顾自己、处理家务、管理时间这三项基本的生活能力。要想照顾自己，孩子就得学会自主进食、自己如厕、自己洗漱、自己穿衣穿鞋，能独立分房睡觉且自主起夜等，总之，日常生活的个人基本事务必须都得自己独立完成。处理家务包括收拾物品、整理房间、打扫卫生、洗衣、做饭等。时间管理要求孩子得学会合理计划与安排时间，管理好自己的生活作息及其他各类生活事宜，不拖拉不磨蹭。

一、自理能力真不是"培养"出来的

很多父母问我怎么培养孩子的独立自理能力，其实，自理能力真不是"培养"出来的！不信的父母请看，下面这些场景是不是很眼熟：孩子想帮你端盘菜，你说："不行，会烫到你的手的！"孩子想帮你拖地，你说："不行，你拖不干净！"孩子想洗洗自己的衣服，你说："赶紧去写作业！你只要把书读好，其他都不用管！"这样的状况下，孩子怎么可能学会自理呢？

所以，真正的秘诀独此一条：你理孩子少一点，孩子自理多一点！你只要踏踏实实、心安理得地做个"懒"妈妈、"懒"爸爸就行。

我女儿十个月第一次自己吃饭时，饭菜弄得到处都是，吃完我俩一起收拾半天，但她很高兴很有成就感。等到她一岁半时，吃饭就吃得很好了。一岁多她就开始自己选择要读什么书、穿哪件衣服，到三岁时，她就已经很有主见了。但如果你不给孩子机会，到三岁再让他自己吃饭，到五岁再让他自己来做选择，当然就会比较困难。

事实上，8—10个月的孩子就会开始试图自己用手抓东西吃，一岁多的孩子就开始说"不"，想要自己来选择和做决定。你只要相信每个孩子都有独立自理的能力，放手让他去尝试和练习，他自然就会给你惊喜。

所以，**不是孩子缺乏独立性，而是父母缺乏耐心与勇气！很多父母觉得孩子太小，不相信孩子的潜能，或者嫌麻烦、担心风险等**。但事实上，只要做好充分的准备，麻烦和风险是可控的。比如，练习吃饭时，给孩子戴上围嘴儿、穿上罩衣，用摔不坏的不锈钢或者塑料餐具，在孩子椅子底下铺上一圈废纸，都可以让事后的清理工作变得简单很多。

最重要的是，**今天你嫌麻烦不给孩子机会，明天孩子长大后只会带给你更多的麻烦。**

有个20多岁的姑娘，结婚了还坚持带着老妈一起住，每天早上起来让老妈进卧室帮其穿衣穿袜，吃完老妈做的早餐，还得让老妈送她到车站去坐车上班。我不知道这位老妈的内心感受，但我清楚地知道，这位老妈这辈子是不可能有一天的清闲了，因为等她女儿自己生了孩子，她还得帮忙，继续伺候一大一小两个孩子。这位姑娘的丈夫总有一天内心要崩溃，因为他娶了个没长大的女儿而不是老婆。

有句孩子的话说得好：爸爸妈妈，如果你不能宠我养我一辈子，就请你不要用宠爱溺爱来害我！是的，这不是爱，是残害！

你可能会说，孩子还小呢，等他大了自然就会了、就明白了。其实，就算孩子大了知道了，愿不愿意做、能不能做还是另外一码事。很多孩子在幼儿园自理能力挺好，样样都会，一回家就成甩手掌柜啥都不干，饭来张口衣来伸手，甚至还要追着喂饭，他们不是不会，而是不愿意，懒惰的心理与行为习惯一经养成，纠正起来就会事倍功半。

所以，**就算我们明明知道孩子做不好，明明知道自己包办起来效率要高得多省**

事得多，但我们还是要不嫌麻烦、不计时间成本地努力多给孩子尝试和锻炼的机会，就是为了从小在孩子的心中播下一颗自立的种子、一颗勤劳的种子、一颗热爱生活的种子。

二、自理能力的发展需要足够的时间

在放手、少理孩子的同时，父母也要注意顺其自然，遵循孩子的身心发展规律，时机不到别乱来，别给孩子乱提要求，不要揠苗助长。

比如孩子大小便的问题。孩子为什么明明学会自己上厕所了，又开始尿裤子拉裤子？很简单，孩子的成长是一个螺旋上升的过程，不是一条上升的直线。螺旋就意味着会有反复，反复对孩子来说，是一个不断试错、练习、巩固的过程，就像跳高时需要后退助跑一样，一旦突破这个阶段，孩子就会真正迈上一个新的发展台阶。所以，当孩子又尿裤子了，你大可不必恼火和焦虑，要知道，你的焦虑瞬间就会传染给孩子，那只会给孩子徒增压力，导致反复更严重。你不用多做什么多说什么，只需要像以前他没学会自己大小便时那样，很自然地帮他换掉就行，给孩子自己适应和成长的时间。

有的孩子白天可以自己小便了，父母又开始发愁夜尿问题，这纯属杞人忧天自寻烦恼。如果孩子还做不到夜里自己醒来小便，那只能说明他的身体发育还没到位，还没做好充分的准备，那就给他穿个纸尿裤就行了。要知道，夜里最重要的事情是什么？当然是睡觉，而不是尿尿！

比如孩子独立睡觉的问题。很多父母问我：和孩子什么时候分房睡觉最合适？答案很简单：当孩子准备好的时候。准备好的标准是什么？当孩子自己独立分房睡觉，夜里能睡得踏实，就算偶尔醒来也不会哭闹、不会跑过来找妈妈爸爸，早晨起来精神愉悦饱满，那就代表孩子已经准备好了。什么时候孩子能准备好？没有统一标准。每个孩子的身心发展规律不同，有的三岁就能独立睡觉，有的要到五六岁甚至更大点。只要父母自认平常给予了孩子足够高质量的陪伴、充分的接纳与尊重，那就不要有什么心理负担，不要纠结到底是在孩子几岁时分房好，静静等待孩子做好准备的那天到来就可以了。

三、如何让孩子爱上家务

哈佛大学学者曾经做过一项调查研究，得出一个惊人的结论：爱干家务的孩子和不爱干家务的孩子，成年之后的就业率之比为15：1，犯罪率之比是1：10。

为什么会这样？因为做家务不光是一项劳动，更是一种对综合素质的培养。家务劳动不光能提升孩子的动手能力、解决问题的能力，还能一点点磨炼出孩子的自立、自信、乐观、毅力与耐心，同时，也能潜移默化地塑造孩子的责任心、感恩心与勤劳的美好品质。

看看美国孩子的家务清单：9—24个月，扔尿布；2—3岁，扔垃圾、整理玩具；3—4岁，喂宠物、浇花；4—5岁，铺床、摆餐具；5—6岁，擦桌子、收拾房间；6—7岁，洗碗，打扫房间；7—12岁，使用洗衣机、清理洗手间、做简单的饭；13岁以上，擦玻璃、换灯泡、做饭、清理灶台、修剪草坪。

同样年龄的中国孩子都在干吗？更多的都在学习，他们有写不完的作业和上不完的课。但凡有个孩子愿意帮父母干点活，往往就会被大肆夸奖为"孝顺、懂事"。但事实上，孩子承担力所能及的家务，恰恰是他作为家庭一员应尽的基本职责，也是他将来迈向独立生活的基本功，根本无须特意大加赞赏。

对于孩子而言，幼时开始尝试做家务更多是因为好玩、有趣，但一旦要求他们坚持做下去，他们很有可能就会产生枯燥、辛苦等负面感受，进而变得懒怠甚至抗拒。所以，父母要掌握以下两个关键点：

第一，进行正确的思想引导。

要让孩子意识到，他是家里的小主人，做家务是他作为家庭成员应尽的义务和责任，所以，做家务不是他给爸爸妈妈的回报，也不是爸爸妈妈对他的要求，更不能作为爸爸妈妈对他的惩罚，而是：自己的事情自己干，家里的事情一起干！

我打算让2岁多的女儿收拾碗筷时，是这样和她对话的：

我：宝贝，咱们家有几个人？

女：1，2，3，三个，爸爸，妈妈，还有我。

我：是的，咱们家有三个人，爸爸妈妈是大人，是家里的大主人，你是小孩子，是家里的小主人。

女：我是小主人！（有点兴奋）

我：爸爸妈妈平常做饭、洗衣服、拖地，为家里做了好多的事情，你能为家里做点什么呢？

女：我拖地，我还擦桌子！

我：嗯，你经常拖地，还会擦桌子，是个非常勤快的好孩子。现在你又长大了一点，可以为家里做更多事情啦！以后吃完饭，妈妈负责擦桌子，爸爸负责洗碗，你来负责收碗，要把碗筷送回厨房哦！不光要收自己的，还要把爸爸妈妈的也都要收到厨房去。（她之前已经养成了把自己的碗筷收拾送回厨房洗碗池的习惯）

女：好，妈妈你擦桌子，我收碗！

我：好的，妈妈的工作是擦桌子，你的工作是收碗。你又掌握了一项新工作啦，真棒！（我朝她竖起大拇指，给了她一个大大的拥抱外加一个甜甜的吻）

后来，每次吃完饭她就开始收拾碗筷，偶尔忘记时，我就会提醒她：小主人，妈妈要擦桌子啦，你的工作是什么？她就会马上想起来。有时她送完自己的碗，会忍不住朝我邀功："妈妈，我把你和爸爸的碗也收啦！"我就会微笑着回她："好的，这是你的工作，你做得很好！"

自始至终，我非常刻意地避免用"帮忙、谢谢"这样的词和女儿交流，就是想让她逐步明白：她就是家里的一员，她应该为家里做贡献，应该承担一部分家务，这不是在给爸爸妈妈帮忙，所以，爸爸妈妈也不会给她说"谢谢"。

第二，拔高做家务的体验层次。

让家务不只是劳动，让孩子从做家务中得到不一样的感受和进步，包括在劳动过程中学到特别的知识与技能、享受劳动的快乐与成就感。

比如手洗衣服，你可以提炼出更多超出劳动之外的关键词，让孩子知道原来洗衣服也这么"有学问"，只要用心，他就能从中学到更多的大本事。具体怎么个提炼法？来看看我的示范。

（1）准备与计划。要想把衣服轻轻松松洗干净，需要分成几个步骤，并计划好每个步骤的时间，准备好需要用到的物品和工具。所以你可以问孩子：要洗衣服，咱们得准备哪些物品？洗衣服一共包括哪几个步骤？每个步骤大概需要多长时间？科学的步骤通常是四步：第一步先加洗涤剂浸泡，第二步洗涤，第三步用清水漂洗，第四步晾晒。——做任何事情都要做好准备，提前计划，分清步骤。

（2）重点与要领。你可以提问孩子：衣服穿在身上，最容易弄脏的地方是哪里？脏的地方应该怎么办？让孩子知道上衣的重点是袖子和领子，裤子的重点则是臀部处和裤脚，这些重点部位要反复多刷洗几次。——做任何事情都要学会抓重点、抓关键环节、抓主要矛盾。

（3）标准与规则。你可以提问孩子：每个步骤要做到什么标准或者注意什么？比如，浸泡环节一般需要30分钟，特别脏的衣服要用热水并延长浸泡时间；洗涤剂加进去后要反复翻搅衣服直到洗涤剂完全溶解；水的量要以刚好盖过衣服为准，太多了浪费洗涤剂，太少了又浸泡不到位；洗涤环节要确保衣服的每个部位都洗净，每个部位的洗涤办法也不同，袖子衣领最好用刷子刷洗不容易变形，其他部位可以用手搓洗，贵重的丝绸等面料只能轻轻揉洗；漂洗环节需要2—3遍，直至漂洗过后的水没有泡沫为止；晾晒环节也是有规则的，滴水的衣服得先放洗手间，等水沥干后才能晾到阳台上，否则阳台的积水多了会泡坏下层邻居的屋顶；晾晒的时候要把衣服尽量捋平整，这样衣服晒干后才不会留下很多褶皱，省掉不少熨烫的工夫。——做任何事情都要明确目标，树立标准和规则，要有公德心和同理心，替他人着想。

（4）检查与细节。你可以提问孩子：怎么才能确保衣服彻底洗干净？当然是要检查。在哪个步骤检查比较好？把衣服全部洗涤完后，为确保清洁彻底，最好能把衣服从上到下全部检查一遍，因为有些小的脏污点不一定会在袖子和领口，可能躲藏在其他地方不容易被发现。这样就不至于等到晾晒环节发现没洗干净而重洗，因为重洗不仅浪费时间还浪费水资源。——做任何事情都要记得自我检查，并且关注细节。

这样一来，孩子就会明白，不光是洗衣服，以后碰到其他事情也可以用这样的思路去分析和处理，真正做到举一反三，从小事中学到大本事。

当然，除了以上这些最基本的关键词，只要你开动脑筋，还可以提炼出更多关键词与孩子分享，比如耐心、专注、细心、环保、勤奋、思考等。

除此之外，你还可以通过一些小技巧引导孩子体会劳动所带来的快乐感和成就感。比如，每天或每周固定一个时间段作为"全家大扫除"的家务时间，让每个家庭成员认领自己想要承担的家务项目；在家务时间放点欢快的背景音乐，边哼着歌曲边劳动；在劳动结束后来点仪式感，可以全家以击掌或干杯来庆祝劳动任务完成，还可以同时配合口号如：快乐劳动，快乐生活，耶！也可以拍照展示一下各自的劳动成果，如干净得发亮的地板、一尘不染的桌子、整洁有序的衣柜等，每人再轮流赞美下彼此的付出与成果。这些小细节，都会让劳动变成美好的享受，而不是枯燥的苦力活。

四、让孩子学会时间管理，不拖拉不磨蹭

在我看来，时间管理是孩子自理能力中要求最高的一项内容，它要求孩子能有条不紊地管理好自己的生活、学习等各类事宜，不拖拉不磨蹭。

经常有父母问：我性格风风火火，为什么我的孩子就这么磨蹭拖拉？或者，平时没少对孩子耳提面命严格要求，怎么还会出现问题？其实，孩子拖延症的形成有

很多因素，既有态度认知上的，也有能力方法上的，还有环境影响上的。所以，不是光靠简单的"催命功""狮吼功"之类可以解决的。下面我给几点关键性的建议：

第一，建立明确的时间观念，让孩子学会安排与计划时间。

父母给孩子交代任何事情时，要有具体的时间节点、时间指标，如8点、还有5分钟。不妨在家里挂个阿拉伯数字的大钟，每次说时间时和孩子一起看钟，从起床、睡觉、吃饭等基本事宜开始培养孩子的时间观念。大点的孩子，就可以多讲讲古往今来的成功人士珍惜时间的故事，在孩子的卧室里张贴一些关于时间的名言警句。

同时，要让孩子学会如何合理地安排自己的时间，学会把一件大的事情分解成一个个小项目去逐步完成。父母可以先从最简单的日程计划表开始，让孩子思考和计算一天共有多少时间可用，有哪些事情必须要做，哪个先做哪个后做，各需要花多长时间，让孩子自己制订一个一天的事件安排表，如拟定起床、洗漱、吃饭、上学、放学、回家、玩乐、写作业、阅读、睡觉等的时间段，让孩子逐步理解时间的分类和连续性。孩子再大点，就可以让他制订自己的学习计划，一个学期的、一个月的，甚至制订一个全家出游的计划等。

第二，激发兴趣，建立明确的目标感。

父母给孩子交代任何事情时，都要耐心说清楚事情的目的、意义和价值，引发孩子的兴趣和积极性，而不是简单粗暴地要求和命令。比如孩子各种磨蹭、不好好写作业，一个很可能的原因是他对学习没有足够的认识和兴趣，不觉得做好作业对自己有什么实际的好处，他甚至会觉得那只是父母想让他好好学习，所以，和孩子探讨上学和不上学的人生分别有什么不同，就是一件很重要的事情。

第三，巧妙督促，让孩子适当承担拖延的后果。

很多父母一开口就是："怎么这么慢，怎么还没完，快点快点！"父母越催越着急，孩子越被催越没兴趣、没信心，最后就更加拖延甚至撂挑子，陷入恶性循环之中。

所以，父母要学会合理地"督促"孩子，掌握节奏和分寸，而不是一味"催促"。如果孩子在玩，离写作业的时间还有15分钟时，你可以第一次提醒：宝贝，你还可以再玩15分钟！我会提前5分钟再来提醒你一次的。到还有5分钟时，你可以第二次提醒：宝贝，你还可以玩最后5分钟哦，待会我们就必须要写作业了！5分钟结束后，你就可以过来告诉他要写作业去了，并且把玩具等收走。这样督促的好处是孩子不容易烦你，并且能逐步建立清楚的时间观念。

如果孩子早晨起床后磨磨蹭蹭的，你不要急，也不要去帮他，甚至包办代劳。一旦你包办一次，孩子就明白了，自己磨蹭点没关系，到时候反正爸爸妈妈会来帮我的。你可以提醒孩子"只有5分钟了，再不快点可就要迟到了。"如果他依然在那里磨蹭，不妨任由他去，让孩子自己承担拖延的后果。比如孩子迟到了，老师肯定会询问他迟到的原因，孩子挨了批评丢了面子，就会认识到拖拉给自己带来的害处，几次以后孩子自然就会自己加快速度。甚至，如果孩子磨蹭没赶上车，你不妨狠狠心陪他走路去上学，这样的体验一定会让他刻骨铭心、牢记教训。

第四，即刻满足，让孩子觉得"快得很值"。

拖延的孩子，一般多少都会有点"即刻满足"的心理，不能忍受太远的目标，所以，要对孩子的点滴进步予以即刻肯定，增强他的自信心和成就感。你可以说"你如果再快一点儿就更出色了""你看你做得多快""真好，现在用不着老提醒你了"，这些真诚的鼓励是能够打动孩子的，孩子为了不让父母失望，下次做事就会有意识地提醒自己快点儿。

同时，一定要把节约出来的时间还给孩子，不要孩子刚完成一项任务就立即给他增加额外的任务，告诉孩子在他较快完成任务之后，可以用省下来的时间做一些自己感兴趣的事情，比如痛痛快快地踢会球、玩一会。孩子只有感觉到做事快对他自己是有好处的，他才能够"快"得起来，否则下次他十有八九会想出各种磨蹭的招数来应付你。

第五，教会孩子完成每件具体事情的高效方法。

比如孩子收拾东西慢、穿衣服慢、洗漱慢、写作业慢，你就应该先去检查下，是不是方法有问题，孩子对方法有没有掌握到位。

除此之外，父母言出必行不拖拉，努力营造一个整洁有序的家庭环境，给孩子一个相对安静不被打扰的个人空间，都会有助于孩子更好地集中注意力，减少拖拉磨蹭。

第七章　自我保护：健康平安才是福，让孩子做自己的保护神！

"拐骗小孩很容易，只要孩子的爸妈不在身边，我就和孩子说我是你爸妈的朋友，你找不到了他们了吧，我知道他们在哪，跟我走就行，再顺手给孩子一根棒棒糖，至少90%的孩子保准就跟着走啦！这个办法屡试不爽、成功率极高！"——这是一个人贩子的"自白"，拐骗孩子在他看来是一件难度系数不大的事情。

噎亡窒息、阳台坠落、烧伤烫伤、飞来车祸、溺水身亡、煤气中毒、触电致死、误服药物、走散走失……意外伤害已成为0—14岁儿童健康的第一"杀手"，是儿童青少年的第一位死因，也是导致严重疾患和残疾的主要因素之一。

一幕幕悲痛欲绝的事实，让我们不禁思考：除了悲伤，我们还能做些什么？作为父母，我们无法把孩子永远保护在自己的羽翼之下，他们总要学会独自飞翔，独自抵御风雨。尤其是孩子一旦开始上学，进入幼儿园，就会不可避免地接触更多陌生的环境，风险系数也会随之增大。所以，让孩子学会自我保护，成为自己的保护神，实在是迫在眉睫的关键任务。

一、孩子自我保护能力面面观

概括起来，孩子的自我保护能力主要包括以下三大方面：

第一，日常生活中的自我保护。

主要包括穿衣、饮食、如厕、睡觉、出行、玩耍等日常生活中的基本注意事项。

穿衣：要尽量避免给幼儿穿着带有别针胸花、小亮片、小珠子之类的衣服；连帽衫的帽子上绝对不能有抽绳，否则容易引发勒脖事故。

饮食：要避免让孩子食用过于烫、硬、黏、长的食物，就餐时让孩子靠里就座，远离上菜口，远离餐桌上的火锅、热汤、热茶等。

如厕：要教会孩子扶稳站好，蹲下要慢，避免摔倒和崴脚。

睡觉：要教会孩子不要把头蒙在被子里，也不要趴在枕头上，以防窒息。

出行：要教会孩子靠右行走，不要蹦跳着走路，手里拿着东西时不要跑，上车要坐安全座椅或者系上安全带。

玩耍：要教会孩子不玩危险游戏，如追赶、打斗、冲撞之类；不做危险动作，如爬高、从高处跳下之类；不去危险区域，如无人、黑暗、杂乱的角落之类，不逗弄陌生的猫狗等动物。

第二，特定场所中的自我保护。

主要包括居家、校园、公共场所、野外这四类特定场所的安全事项与自我保护。

统计数据显示，儿童意外事故52%发生在家庭，19%发生在街道，12%发生在学校。由此可见，一直被大家认为是安全港湾的家中，儿童意外伤害事件反倒是最多的。水、电、煤气是家里的三大安全隐患，其他各类危险品包括热水瓶、家用电器、刀叉筷子剪刀等尖锐物品、塑料袋、药品、日用化学品等，危险区域包括阳台、窗边，父母需要及早教会孩子如何规避其中的危险。

校园是孩子学习和成长的场所，与家里相比，学校是集体生活，上课、玩耍、运动、就餐、如厕等每个环节，父母都要教会孩子遵守集体秩序和规则，遇到欺凌时能勇敢说不、合理反击并及时寻求老师及父母的帮助。

在公共场所孩子最容易发生的意外就是走失走散、摔伤撞伤、拥挤踩踏，尤其是那些好奇心较强、活泼好动的孩子，更容易出现意外。父母必须教会孩子遵守公共秩序，不凑热闹，记住爸爸妈妈的电话，走失走散时原地等待爸爸妈妈回来或者寻求穿制服的工作人员帮忙、到服务台寻求广播协助。除此之外，教会孩子在街上要靠右走人行道、过马路要看准红绿灯、走斑马线，乘坐扶手电梯要看清上下方向、靠右侧站立扶稳、防止手脚夹伤或衣物卷入、不乱爬乱按电梯，乘坐升降直梯时要等电梯停稳、看清底部后才能进去，不能在电梯里蹦跳。

野外是一个比较特殊的场所，虽然平常孩子接触不多，但一到节假日，总少不了要带孩子去接触大自然。大自然对于孩子来说，既是美丽的，也是危险的。父母必须教会孩子不要随便玩水下水、远离悬崖峭壁、远离电线、电线杆、变压器等，同时避免在雷电、狂风、暴雨等恶劣天气出门，尤其不要去荒郊野外。

第三，特定事件中的自我保护。

我总结了四大类对孩子来说最关键的特定事件：防拐骗、防欺负、性保护、灾难自保。这四类事件的共同特点是：第一，发生场所不定，可能是在家里，也可能是在学校里、公共场所、野外；第二，一旦出现危险，后果非常严重。所以，我把它们一一单列出来，希望引起父母的高度重视和注意。

防拐骗除了教会孩子不吃陌生人给的食品、不拿陌生人的东西、不跟陌生人走（即使陌生人需要帮忙也不行）、不向陌生人透露个人及家庭隐私、不给陌生人开门，也要教会孩子提防身边可能出现的熟悉的恶人。

防欺负主要是要教会孩子在日常人际相处中，通过积极的语言和行为化解矛盾冲突，避免被人欺负和伤害，也不能去欺负和伤害别人。

性保护既包括防性侵，也包括成年后在两性关系中如何保护自己及对方。所以，孩子们，尤其是女孩子，一定要学习一些基本的性知识，懂得如何保护自己，避免伤害。

灾难自保特指各种突发事故和自然灾害降临时，孩子要懂得避险逃生或积极自救，比如受伤、火灾、煤气泄漏、落水、地震、泥石流等。一定要让孩子明白，在灾难面前，生命永远是第一位的，财产和其他都是次要的，爸爸妈妈永远不会责怪他因为逃生而丢了任何东西。

二、提升孩子自我保护能力的三项基本原则

如何提升孩子的安全防范意识，塑造孩子的自我保护能力？我以为，以下三项基本原则非常关键。

原则一：尊重孩子身心发展规律，不超龄但也绝对不能讳疾忌医。

很多父母都觉得孩子是天真纯洁的，希望他们的这份纯真能维持得更长久一点，不希望他们过早地接触社会的阴暗面、过早成人化。这个出发点当然可以理解，但问题是，坏人不但不会嫌弃孩子年龄小，对他们而言，年龄小反倒更利于他们得手。

所以，不要把孩子当作公主、王子养，公主王子的幸福生活永远只存在于童话里，我们不能让孩子永远生活在象牙塔一般的梦幻世界里，我们有义务带领他逐步接触这个真实的世界，无论是美好的一面，还是丑恶的一面。否则，一旦有一天孩子离开你精心营造的象牙塔，突然接触到真实的社会，他很可能就会崩溃无助。

既要让孩子学会警惕自保，但也不能吓坏孩子，如何平衡这个两难的问题？原则就是：尊重孩子身心发展规律，不超龄但也绝对不能讳疾忌医。比如，要让孩子防范陌生人，可以给孩子看一些被拐骗孩子的悲惨例子，包括图片、视频等。但要注意，对于6岁前的孩子，你要过滤掉这些信息中血腥暴力的部分，只要能让孩子感受到被拐骗后的痛苦和无助就可以了。给孩子进行性教育，10岁以前的孩子你给他讲分娩的细节、如何避孕，显然就有点超龄了，你只需要教会孩子知道自己是从妈妈肚子里来的，知道自己的隐私部位，接纳和爱惜自己的身体，懂得识别和防范性侵犯就可以了。

原则二：双向教育，让孩子既懂得保护自己，也懂得不伤害他人。

我曾经接到一个妈妈的咨询，5岁小男孩，在幼儿园午睡时把手伸进了邻床小女孩的内裤，导致该女孩下体发红，被小女孩的父母发现。我问妈妈是否给孩子进行过性教育，她说有给孩子进行性教育，告诉他什么地方不能被别人摸，如果有人碰要第一时间告诉妈妈，但没有告诉孩子别人的隐私部位自己同样也是不可以摸的。

很多父母在教育孩子自我保护时，往往更关心的是如何避免自己的孩子被伤害、被欺负，但别忘了，有被伤害就有伤害者，有被欺负就有欺负者，所以，在教会孩子保护自己的同时，也要教会孩子不去伤害和欺负他人。不被伤害，也不会学坏，男孩女孩都同此理。

特别需要注意的是，我们的传统观念认为，男孩受到性侵的概率应该小于女孩，但事实却恰恰相反。很多研究和统计资料表明，男孩受到侵犯的概率并不小于女孩，有些甚至比女孩更多。所以，父母千万不要以为男孩就不会被性侵，只有女孩才需要性保护。

原则三：以身作则，生活处处是课堂。

安全自保教育，不是非要给孩子进行理论讲解式的枯燥教育。这种方式，孩子能真正吸收掌握的内容其实是非常有限的。从孩子呱呱坠地始，他面对这个外在世界的每一次尝试和探索，其实对父母而言，都是一次进行安全教育的机会。将安全教育融入生活，再加上父母的以身作则，随时随地，处处都可以是课堂。

相比私家车，我更愿意带女儿坐公交地铁，除了因为我们俩都有点晕车，更重要的是，乘坐公共交通工具，可以让她有机会接触不同的场景，学会更多的知识与技能，尤其是公共素养与安全自保方面。每次带她坐地铁，路线和车站，手扶电梯的上下方向标志灯，电梯上的正确站位和其他注意事项，上下电梯，上下车，进出站等，这些细节我都会一次次在实际场景下进行示范，对她提醒和引导，几次下来，她就掌握得非常熟练了，尤其是每次上扶梯，她都会提醒我："妈妈，这边是绿灯，可以上！"

平常外出，只要是不远的地方，我一般喜欢带她走路过去，这样就有机会让她接触马路、红绿灯、斑马线等，所以她2岁不到就知道了红绿灯的交通规则，每次坐爸爸的车，碰到红绿灯，她就会大声提醒："红灯停！爸爸别开了！"等绿灯亮了，她就会高兴地喊出来："绿了绿了！可以开了！"

特别需要注意的是，父母的以身作则必须一以贯之。即使马路上没有一辆车，你也要牵着孩子的手，一直等到绿灯出现才能过马路；即使是在家里，也不要让孩子露出隐私部位，父母也不要穿着暴露；即使是亲爸亲妈，也不要把3岁以上的孩子带入异性洗手间。否则，孩子就会被你的双重标准给弄晕，最后就很难固化良好的安全意识与习惯。

三、孩子自我保护能力训练三部曲

在这三项基本原则的基础上，你可以通过以下的自我保护能力训练三部曲来提升孩子的安全意识与自我保护能力。

一部曲：**生动理解，提升意识。**

首先让孩子要知道并理解危险，提升安全意识。父母可以通过故事、案例、图片、视频等形式，生动直观地让孩子理解什么是危险，以及危险带来的严重后果，还有如何识别防范危险。

对于幼儿而言，很多父母倾向于讲故事，比如大灰狼的故事、小红帽的故事，这类故事当然会有一定的效果，但故事毕竟是虚构的，很多孩子到3岁左右就能很准确地区分虚构与现实了，所以，你的教育素材不能只停留在故事和绘本阶段，必须逐步引入更多的真人真事。

你可以利用网上的相关新闻，比如"某某地区发生严重的踩踏事件，造成××人死亡、××人受伤"。孩子看到这么严重的后果，自然就会知道在公共场所不能凑热闹，不能去人多的地方拥挤。你也可以利用一些法制类、安全类的视频节目，以及一些网上的小视频。孩子从视频里看到小朋友在蹦蹦床上摔坏了腿，再去玩时，他就不会站在边上跳，而是小心地站在蹦床中间跳了。

你可以和孩子一起观看这些素材，对他不明白的关键处加以讲解，结合素材内容设身处地地问他一些问题并展开讨论。比如：如果你在商场找不到爸爸妈妈怎么办？如果有大人找你帮忙带路怎么办？坏人的秘密要保守吗？最终和孩子一起梳理出有效的知识点和技能点。

二部曲：**模拟演练，初步掌握。**

模拟演练的目的是让孩子初步掌握在特定的场景下如何识别与应对危险。父母可以通过场景模拟、角色扮演，用游戏化的方式寓教于乐，来训练孩子的反应能力，让孩子能更轻松地初步掌握这些知识与技能。

比如防拐骗，你可以和孩子玩"一个人在家"的游戏，让孩子一个人在家里，爸爸妈妈到门外，分别扮演不同的角色，用不同的借口来试图"诱骗"孩子开门，角色可以是快递员叔叔、保洁阿姨、抄水表的叔叔、爸爸的同事、妈妈的朋友等。这个游戏可以帮助孩子更好地强化应对陌生人的安全守则，坚定不给任何陌生人开门的原则，并练习应对的方法。

比如防欺负，你可以和孩子玩"被人欺负"的游戏，爸爸扮演欺负人的"熊孩子"，抢走孩子的玩具，或者"打"孩子等，让孩子逐步掌握反抗的基本步骤。首先是制止或躲避，孩子可以出手去制止对方，如果对方过于强悍，则可以选择躲闪或者躲避。其次是语言反抗："不准你抢我的玩具！你不可以打我，我去告诉老师了！再打我，我就不客气了！"要很严肃甚至很凶狠地说出来。如果语言警告无效，对方继续攻击，孩子可以奋起反抗，如果明显势单力薄，那就得告诉孩子安全第一，赶紧逃离现场。

三部曲：实战训练，磨炼巩固。

很多孩子都知道不要随便吃陌生人给的东西、跟陌生人走，可是人贩子为什么还能轻易得手？这是因为从知道到真正做到之间，还有很长一段教育的路途要走。而这段路途，必须以足够的实战训练来不断磨炼和巩固。

当然，实战训练不是一下子就把孩子扔到真实的场景中完全不管不顾，任其自生自灭，而是循序渐进，在有支持有保障的前提下进行反复训练。

比如让孩子自己坐地铁，你不能真的就让孩子一个人出门了，事先得带孩子反复熟悉路线，熟悉方位，熟悉其中的关键环节，比如买票、进站、出站等，从反复陪练逐步过渡到让孩子单练，从短途再逐步过渡到长途。注意，刚开始单练时，你还得悄悄尾随暗中保护孩子。

最后，父母特别要注意的一点就是，要从小和孩子建立亲密关系，让孩子拥有足够的安全感，知道爸爸妈妈永远是最可信赖的人，任何秘密和心事都可以随时告诉爸爸妈妈，只要说出实话，发生任何事情爸爸妈妈都不会过多指责。这样一来，父母才有可能及时从孩子嘴里知道真相，及时预防和处理孩子可能或正在面临的危险。

第八章 生存技能：绝境求生，一无所有亦能从头再来！

一、什么是生存技能

请想象一下这个场景：在一个人迹罕至的地方，孩子们必须生存一周，利用自然环境，自己挖坑洞当临时厕所，自己找柴生火做饭，自己动手找食物，连盐也要自己熬制。总之，让孩子离开大人，断绝与外界一切通讯联系，一切生活问题由他们自行解决。如果你的孩子身在其中，你觉得他会怎样？他能适应吗？他能熬过来吗？

事实上，通过一周的艰难生活，不少孩子开始习惯动手劳动，自己管理自己，学会关心他人、与人合作，并变得勤快、聪明，许多孩子认为这是"一生中最难忘的一周"。这是日本的"无人岛"训练。

你可能还听说过"童军"这个词。1907年，英国陆军中将罗伯特·贝登堡在英国的白浪岛举办了第一次"童军"露营，从此拉开了全球"童军"运动的帷幕。贝登堡以他早期的军事著作为基础，在他的著作《童军警探》中写下了"童军"运动的原则。"童军"运动强调以实际的户外活动作为非正式的教育训练方式，内容包括露营、森林知识、水上活动、徒步旅行等。我把这些统称为"野外生存"训练。

人类首先是自然人，我们每个人本来就是大自然的孩子。寻找水源、辨别食物、取火生火、躲避危险、找到容身之所、长途跋涉、翻山越岭、过河蹚水，我们的祖先，生来就知道如何在大自然中生存下来。但今天，随着物质文明的进步，人类自身却一直在退化。比如，出生于20世纪80年代及其以前的人，基本上都在很小的时候就学会了用火柴生火，但今天，很多孩子连火柴的样子都没机会看到了。

与野外生存相对应的，是社会生存。检验社会生存能力的标准很简单，即把孩子扔在陌生的大街，没有钱没有手机甚至没有基本生活物资，他是否能够生存下来？从自然人走向社会人，孩子需要学会在陌生的社会中寻求帮助、交换互利、把自己可以提供的劳动付出转化为物质或者金钱回报、利用已有的资源赚取更大的财富，否则只有饥寒交迫，等待死亡的降临。

在我看来，野外生存和社会生存，是孩子一生中必须掌握的两大生存技能，也是他们一生中必须经历的心路历程。这些经历，能有效地提升孩子的自理自立能力、解决问题的能力，提高规则意识与纪律性，磨砺他们的耐力和心智，锻炼他们的沟通与协作能力，让孩子们像"战狼"般勇往直前、坚忍顽强、敢作敢当。有了这些宝贵经历的孩子，将来就算碰到再大的风雨和磨难，就算一无所有，也能用他的勇敢和智慧绝境求生、从头再来。

二、如何锻炼孩子的生存技能

锻炼孩子的生存技能，主要途径无非两种，一是父母亲自陪伴和带领孩子，二是把孩子交给专业机构。专业机构的选择我不做过多展开，最重要的莫过于教练和老师们一定要发自内心爱孩子，其次是他们要拥有正规职业资质与实践经验，至于具体的项目，就看孩子的兴趣了。孩子6岁之后，可以逐步选择一些适合孩子年龄的专业机构的项目。

我想多谈谈第一种途径，即父母通过亲自陪伴和带领孩子，锻炼孩子的生存技能。这几年媒体经常曝出个别父母的非常规育儿模式，无论其外表多么风光甚至"有效"，都需要我们全面分析、谨慎借鉴。要知道，同样一个教育目标，用不同的手段去实现，最终的结果可能会大相径庭。

如何确保既能适度挑战孩子的极限，又不会过度超出孩子的身心承受范围，这是一个很难把握的基本原则。每个孩子的特质都不同，作为父母，最重要的功课是首先要足够了解自己的孩子，知道孩子的身心极限在哪里，并且，训练的强度和难度一定是循序渐进的。比如雪地裸跑，没有前期的耐寒适应训练，突然把孩子脱光扔进雪地，孩子身体肯定是承受不了的。

女儿登上的人生第一座高山是武当山，那时她还不到3岁，冬天的天气非常阴冷，山里积雪不少，坐缆车上到一定高度后，剩下的路她自己爬了一半，爸爸背了一半。3岁半时，她登上了人生第二座高山——恒山。这次，她从头到尾没有让我们背和抱，只是偶尔在陡峭危险处牵下手。我们午饭后才去登山，孩子毕竟年龄小，走走歇歇，一路攀爬下来，到冲刺主峰天峰岭最后一段长长的缓坡时，已经下午4点多了，深秋山顶的风吹得有点大也挺凉，那段缓坡目测看着挺远，先生当时劝我说算了，怕傍晚气温再降下去孩子会感冒，也担心孩子体力透支爬不动。

考虑到女儿之前已经跟着我们出过好几趟远门，基本上每次都是她自己跟着我们慢慢走，很少让我们抱她，所以我对她这次自己爬上去还是很有信心的。我看她的气色和情绪状态还不错，于是告诉她我们很快就到山顶了，到了山顶她就是冠军，女儿果然"小宇宙"大爆发，在我们的鼓励下一直坚持自己爬到了终点。

有了这次成功的经验，后面我们再带女儿出去游玩时，走上几千米，或者碰上个小山坡之类的，都已经不在话下。等到女儿满4岁，再去爬山，她就已经能自己一路冲在前面，不带喘气和休息地一口气爬出一大截了，时不时地还自夸一句："我很擅长爬山！我是爬山专家！"还不忘回头冲落在后面喘气休息的我大喊："妈妈加油！"爸爸则跟在她背后一边给她录视频一边肯定她："是的，你很擅长爬山！你是我们家的爬山小专家！"

我的建议是，父母如果想以亲自陪伴的方式来锻炼孩子的生存技能，在野外生存方面，可以先从户外徒步开始，逐步增加难度，等孩子体力增强和心理适应之后，过渡到露营，再到野外生活几天；社会生存的锻炼，可以先从零花钱的管理起步，建立孩子的财商意识，再通过跳蚤小市场之类，让孩子初试身手，再到街头销售、独自回家、不带钱街头半日或一日生活，等孩子到了青春期，节假日打零工就是一个非常不错的社会生存体验途径。

第三篇

学会做人：
给孩子一个高贵的灵魂！

导　言　孩子，高贵的灵魂才能经得起人生的折腾！

亲爱的宝贝：

我是妈妈。

当你学会了生存，你人生的第二件大事就是：学会做人。做事先做人，这是我们中华民族一以贯之的基本准则，它意味着你要努力修炼一个高贵的灵魂。

你一定会问我，什么是灵魂呀？简单来说，灵魂就是我们的内在，品行、教养、精神等，都是我们灵魂的一部分。

生命没有贵贱，但灵魂却一定有高低。法国思想家帕斯卡有一句名言："人是一枝有思想的芦苇。"芦苇是脆弱的，但一枝有思想的芦苇，却是高贵的，一个有着高尚思想的灵魂，自然也是高贵的。

宝贝，人类是高级灵长类动物，但高级就一定会高尚和高贵吗？那可不一定。高贵的灵魂究竟什么样子？妈妈以为，虽然丑陋的灵魂各有各的样子，但高贵的灵魂，却拥有相似的模样。当然，它并不一定藏身在光鲜的衣着之下，不一定蕴含于靓丽的外形之中，它不需要显赫的地位来表现，更不需要耀眼的财富来点缀，甚至不需要成功的喝彩来肯定和支撑。关于它的样子，妈妈想给你讲几个小故事。

公元前212年，罗马士兵攻破叙拉古城，闯入古希腊著名的科学家、数学家、物理学家阿基米德的住宅，只见一位老人在地上埋头画几何图形，他对士兵说："你们等一等再杀我，我不能给世人留下不完整的公式！"还没等他说完，士兵就杀了他。这个高贵的灵魂，在生命的最后一刻，依然在执着地追求科学的真谛。

1820年5月12日，一名女婴在父母于欧洲旅行的途中呱呱坠地，她的生活富贵安逸，随时有人服侍，但她内心却一直感到十分空虚，觉得自己的生命毫无意义。一直到她决心选择以为人服务为职守的护士作为自己一生的职业后，她才强烈感受到了生命的意义。为此她逃离父母，孤独求学，忍受蔑视，终身未嫁，一生致力于为伤病员们提供最有温度的护理，推动护理事业的改革与发展，晚年甚至因操劳过度而双目失明。她就是南丁格尔。这个高贵的灵魂，她的仁慈与大爱，点亮了无数伤病员们生的希望，也让更多的人投身"白衣天使"的光辉事业。

我们人类作为高级灵长类动物，与其他动物的根本区别就在于，我们拥有丰富的思维与情感，能更好地管理自己的情绪与言行。正因如此，我们不能只"活着"，我们得好好"生活"。"活着"是动物的本能，"生活"却是只有人类才有能力去谱写的特定篇章。

宝贝，我希望你这样去生活：你要高贵，但不要高傲；你要率真，但不要天真；你要善良，但不要懦弱；你要宽容，但不要纵容；你要勇敢，但不要莽撞；你要努力，但不要功利。

那么，一个高贵的灵魂，能给你带来什么好处呢？它的确有可能给你带来很多东西，比如赏识和信任，比如人脉和机会。但我想，最最重要的莫过于，它能让你活得"心安理得、气定神闲"——有了这份气质，你不会焦虑，也不会害怕，不会担心泥泞风雨，不会担心荣辱得失，甚至，你也不会担心生老病死。人生的一切折腾，都是最好的安排，你只需要笃定前行。

妈妈做职业培训师这些年，经常看到行业内部流出的一些所谓"培训师黑名单"，很多人上榜的缘由，就是跳过业务介绍机构直接和客户合作，俗称"撬私单"。而且，我自己确实也曾经碰到过这样的人。不过，妈妈从未担心过那份黑名单中会有我的名字，所以后来再看到这类名单，我干脆直接跳过懒闻其详。因为这么多年我一直坚持的基本原则就是，尊重合作伙伴、尊重对手。这个世界没有无缘无故的爱，也没有无缘无故的恨，凡事总有因果，做好了因，就不用焦虑果。

宝贝，一个高贵的灵魂，其内核一定是品德、教养、规则意识、法制意识。

妈妈以为，品德的四个关键词，当是正直、诚信、仁爱、家国情怀，一个人具备了这四点，至少不会是个坏人。

以前，妈妈觉得把家里的废纸箱等可回收的废品攒着卖掉是个看起来不错的方式，还可以教会你节约和环保。后来，你爸爸告诉我：有人比我们更需要这些废品。这个理由让我怦然心动、无从反驳。是的，我们家少了这几个卖废品的钱不会怎样，但对于那些靠捡废品为生的人而言，这就是一笔小收入。所以后来每次有了废纸箱之类，我都会尽量保持其干净，带着你一起拿下楼，整理好放在垃圾箱旁边，等待有需要的人直接回收走，既兼顾了环保，又算是献出了一份小小的爱心。

那么，教养又是什么？

妈妈每天使用的护肤品中，有一种小玻璃瓶的精华液，它的包装比较特别，没开封前瓶口有个橡胶塞，外面密封着一层薄薄的金属皮。每次打开瓶口，金属皮被撕烂后，边角就会变得特别尖锐，好几次我都不小心割破了手指，所以每次撕下金属皮，我都会把它放进原本的小纸盒外包装里，原样封装好再扔进垃圾桶，有时候纸盒包装不小心被拆坏了，还得用胶带缠上裹好。虽然有点麻烦，但这样一来，那些可能会去翻捡垃圾桶的人，就不至于因为翻到裸露的金属皮而受伤甚至引发感染了。

因此，如果用一句话来概括，妈妈以为，教养就是：不给别人添烦，不给社会添乱。教养的本质，是基于同理心、公德心之上的高度自律。

规则是一个个不同环境和场景下的具体规定和要求，比如家里、学校里、单位里、公共场所等，它更多的意义在于为我们保驾护航，让我们能更舒服更自在地生活在这些环境里。

想想看，如果马路上没有了红绿灯会怎样？表面上看大家都很自由了，行人可以乱走，车子可以乱开，但结果一定是大家都无法自在了——人走也走不动了，车也开不动了，车祸等事故也来了。

所以宝贝，你有时候可能会感觉到规则的压力，它似乎限制了你的某些自由。但是，这个世界上永远没有绝对的自由，任何自由都是有前提的，否则，最后一定是给自己找不自在。

最后，咱们聊聊法制。宝贝，你可能会觉得，妈妈现在给你讲法制为时尚早。是的，你还是个未成年人，还处于受保护阶段。但是，未成年人就不会犯法吗？当然不是！无论是否成年，只要侵犯了他人的人身及财产等权利，给他人造成了伤害或者损失，那都是犯法！

打人欺负人是犯法的，私自拿人东西是犯法的，损坏别人财物或者公共设施也是犯法的，法律是国家层面的规定，是我们为人处世的底线。而且，妈妈希望你明白，法律的存在，同样也在赋予我们权利、保护我们不被别人伤害。

作为公民，你要珍惜自己手中的投票权和参与权，哪怕只有一人之力，它也将成为推动我们这个国家和社会发展的一分子；如果有人侵犯了你的人身、财产等权利，要记得勇敢地站出来，用法律维护自己的尊严和权利。永远记住，被害者不可耻，可耻的是那些侵犯别人的违法犯罪分子！

生命诚可贵，自由价更高，若为灵魂故，两者皆可抛。宝贝，我要提醒你的是，高贵的灵魂常常是孤独的。你的坚守可能会让人腹诽，你的执着可能会让人退避，你的付出可能会无人响应。到那时，希望你牢牢记住妈妈的叮嘱：进则兼善天下，退则独善其身！

永远爱你的妈妈
2017年10月8日

第九章　品德：中国脊梁，真正的"贵二代"是这样炼成的！

2014年12月，福建一对父母沿街立16块广告牌为16岁儿子庆祝生日。在这些广告牌附近的一处村落，有记者发现，有几十个亮闪闪的拱门从路边一直排到岔路里，拱门上面的显示屏，滚动闪现着"……为曾孙某某某举行舞象喜庆"。孩子父亲说，就想请亲戚朋友一起来热闹热闹。孩子爷爷说，那几块广告牌原本就是他家立的，这次只不过是请广告公司来重新包装一下，等生日宴一过就会将其恢复原貌。①

做广告牌虽然没花太多钱，但能拥有16块广告牌，自然不是一般的家庭。再加上几十个带显示屏的拱门，不难想象，这场生日宴花费不菲。其实，我并不反对在财力允许的情况下，给孩子办个规格高点的生日宴会、朋友聚会之类，这也是仪式感以及孩子社交发展的一部分，问题在于，这么私人的事情，弄得这么高调干吗？父母想的也许是热闹，但孩子看到的，估计只是炫耀罢了。

当下的中国，"富二代""富三代"越来越多，但真正的"贵二代""贵三代"却凤毛麟角。原因就在于，富不等于贵，富只是物质，贵却必须是灵魂。所谓"三代才能出一个贵族"，在这条路漫长的代际进化与修炼之路上，起决定作用的不是财富，而是教育。品德的提高、教养的提升、格局的扩展，都需要持之以恒的良好教育与熏陶，而良好教育所积累下来的优秀家风的传承，反过来也会逐步变成优质教育的一部分。

少年智则国智，少年富则国富，少年强则国强，少年独立则国独立，少年自由则国自由，少年进步则国进步，少年雄于地球，则国雄于地球。少年是中国的脊梁，当"贵二代""贵三代"越来越多时，我们的国家自会真正雄起，中国梦自会早日实现。

---

① 资料来源：《晋江16岁男孩省道立16块广告牌庆生 网友：就是这么任性》，载《海峡都市报》，2014-12-17。

一、有国才有家，家国情怀不可丢

品德的范畴很广，包括正直、诚信、仁爱、感恩、孝顺、节俭、环保、家国情怀等。其他的都好理解，我想特别强调的一点就是"家国情怀"。

"为什么我的眼里常含泪水？因为我对这土地爱得深沉……"家国情怀，是一个人对自己国家和人民所表现出的深情大爱，是对国家富强、人民幸福所展现出的理想追求，是对自己国家的一种高度认同感和归属感、责任感和使命感，也是我的"中国式"精英教育体系中关于"精英"最核心的标准之一。

"修身、齐家、治国、平天下"，"先天下之忧而忧，后天下之乐而乐"，家国情怀从来都不只是摄人心魄的文学书写，更是我们内心的精神归属，它意味着对国家与社会的担当、奉献与付出，意味着与国家民族休戚与共，意味着以百姓为心、以天下为己任。

一部《战狼2》，不仅创造了中国电影票房新纪录，更点燃了数亿中国人的爱国心。对于那些亲历过海外撤侨的中国人而言，他们的感受尤其深刻。一位网友在网上发表长文，称自己作为一个2011年利比亚撤侨的亲历者，看完建军90周年阅兵和《战狼2》之后，感触颇深："从2011年到现在，中国又进步了很多，国防力量更强大了。现在还在海外的各位，应该更加自豪自信，安全感更强了吧！"

在后来他接受采访的文章中，我关注到几个细节：从营地被抢到离开，只有三天。跟世界各国相比，我们差不多是最快的了。当时有从利比亚通过陆路撤到突尼斯和埃及的同胞，要穿过反对派和政府军的地盘，他们拿着国旗或者中国护照，都安全通过了，没有被为难。有的人护照丢失，就让他唱一首国歌，唱完就放行。

有国才有家，在今天这个和平年代，也许你已经不太能感受到个人前途、家庭发展与国家命运的同频共振，但事实上，只要一出国，你就能深切地感受到，你代表的是一个国家，别人看待和对待你的方式，就是看待和对待你的国家的方式。

德国、意大利、法国、瑞士、美国、新加坡、马来西亚、泰国，我在这几年有限的几次国外旅游中，也同样能深深感受到中国国际地位的提升。整体来说，我所到之处，所接触到的各个国家、民族的人民，对中国人还是比较尊重和有礼貌的，没有出现过歧视与不公，也没有异样的目光与指指点点。

家国情怀，从层级上，有国才有家，但从教育上，有家才有国。孩子的担当、奉献与付出精神，都是先从家里起步的。从孝亲敬老、兴家乐业的义务走向济世救民、匡扶天下的担当，这才是培养家国情怀的正确途径。

二、如何养出真正的"贵二代"

父母该如何从小培养孩子高贵的品德，养出真正的"贵二代"？我提供四点建议。

第一，富养精神，扩大格局。

把贵字拆开看，分别是中、一、贝，中是中正，一是公平，贝是宝贝。所以，什么是贵？为人中正公平且是宝贝。谁的宝贝？对孩子而言，自然是父母的宝贝。没被父母当宝贝一样疼爱过的孩子，是无法生出贵气来的。在他们的潜意识里，会认为自己不值得被人疼被人爱，甚至低人一等。这样的孩子，又如何去关爱别人？

A家有个男孩，践行"穷养"策略，尽管家中并不缺钱，但始终要求孩子过一种节约、简单、朴素的生活。不会随便给孩子零花钱，孩子平日用钱，需要用自己的劳动赚取，洗碗多少钱，扫地多少钱等。B家有个女孩，践行"富养"策略，经常有意带女孩去各种大场合，从小就给孩子买各种高档物品。然而，当这两个差点要定"娃娃亲"的小孩相遇，问题出现了。"穷养"的男孩看不惯女孩过于奢侈、娇气，"富养"的女孩看不惯男孩子过于小气、吝啬，俩人完全无法相处。

显然，这两个孩子的父母，都过于片面地把穷富定义在了物质层面。所以教育的结果就是，小男孩勤俭自律，但也随之附带了过分严谨、不懂得适度提高生活品质、享受生活情趣的缺憾。小女孩虽然眼界不错，将来不容易被男人的小恩小惠所蒙骗，但也不懂得节俭为何物，过于娇气、追求享受，生存能力明显不足。

我小时候家境贫寒，如果要说物质，绝对是"穷养"长大的，从小没穿过几件新衣和几双新鞋，经常穿的是别人送的不合身的衣服，袜子总是补了又补，没有零食，读师范时还经常吃不饱肚子。

但是在精神层面，父母对我的教育还算是比较"富养"的。父亲说得最多的一句话是"人穷志不穷",教导我们从小要有志气、讲骨气、靠自己。虽然家里很穷,但父母对我们的教育投资却很是舍得,用他们的话说就是"只要你们愿意读书,砸锅卖铁也要供你们上学"。光是我上师范,家里就为此背了2万元的债务,而在此之前,因为父母生病、建房子,已经欠下好几万元的债务了。当年我想学电子琴,买琴和学费又是一笔额外的花费,但父亲没半点犹豫就点头答应了。

所以,"男孩要穷养,女孩要富养"这句话显然有点偏颇。**真正的"穷养",是物质上的适度控制、适可而止;真正的"富养",是精神层面的尽力投资、丰盛内在。**当前流行一句话:"早餐吃得像皇帝,午餐吃得像平民,晚餐吃得像乞丐。"套用在对孩子的教育上就是,物质上要像平民,满足正常需求即可,但偶尔可以体会下皇帝和乞丐的感觉;精神上要像皇帝,努力提升孩子的品格、胸怀、知识、眼界、阅历。而且,这一切与性别无关,男孩女孩皆同此理。

人生无常,世事多变,真正智慧的教育,是要培养孩子最大的适应性:住得了五星级,睡得了硬板床;享受得了山珍海味,也吃得下路边小摊;既要勤俭自律,也要懂得善用金钱提高品质和效率;既要有眼界有见识,也要懂得谦卑奋进。

有妈妈找我咨询:我是来自农村的一位妈妈,孩子4岁,家里的经济条件不是很好,有时很难满足孩子的要求。例如,孩子要我带他去游乐园,或者买一个特别喜欢的玩具,甚至说买一些比较贵的水果,我都比较难办到。我家孩子就经常问我妈妈你为什么不能给我这个玩具,我真的特别喜欢。我现在甚至不敢带他去商场,他大多数情况下都是比较听话的,但是偶尔会大哭大闹,我该怎么引导我的孩子呢?我不敢告诉他,妈妈是因为没钱。我小时候家里经济条件不太好,我知道那是什么滋味。但我不告诉他,他总是问,我该怎么做呢?

其实,6岁以前的孩子,对穷富贵贱并没有直接的概念,父母要尽量满足他的物质需求,因为对他而言那不是物质而是快乐,与花钱多少没有关系。在孩子眼里,1000块的裙子和100块的裙子并没什么本质差异,只要他觉得好看,带给他的快乐其实是一样的。6岁以后的孩子,则可以适度控制他的物质需求,逐步引导他客观看待物质与财富,建立科学的财富观。如果孩子问起家庭的经济状况,不妨坦诚地告诉他:我们家虽然不富裕,但足够养活你。

不要在孩子面前强调物品的贵贱,尤其不要经常在孩子面前哭穷哭累,倾诉养育他的艰辛，这很可能会让孩子缺乏安全感，产生更多的饥饿感、愧疚感、负罪感，从而影响他的心理健康及将来的价值导向，容易使孩子过于短视、物质至上，甚至为此误入歧途，所谓"寒门再难出贵子"，其中就有这层意思。

在经济能力允许的范围内，力所能及地满足孩子的正常需求，顺其自然就好，该花的花，该用的用，要让孩子感受到自己值得拥有美好的事物。家境富裕的，没必要刻意让孩子受穷；家境一般的，更没必要打肿脸充胖子。

无论清贫还是富裕，请永远维护孩子内心的快乐、安定与自由，这是他们精神贵气的根源。作为父母，要永远不卑不亢，永远记住，你不欠孩子什么。所以，在清贫的生活中也别忘给予孩子温柔的呵护，让他体会平凡生活的点滴美感；在富裕的生活中更要记得让孩子看到生活的另一面，让他体会自力更生、自我追求的乐趣。

第二，以身作则，潜移默化。

2015年2月，河南一名大学生为救两名落水的儿童溺亡，然而落水儿童的父母因为怕担责任，让孩子撒谎，称事发时孩子和该名大学生是一同落水的，他不是为了救孩子而牺牲的。[①]

什么是诚信、责任和担当，估计上例中父母的育儿字典里是没有这类词语的。而这样的孩子长大后的人生字典里，估计也很难再找到这几个词语。

对孩子进行品德教育，讲大道理是没有用的，尤其是对几岁的小孩子。给孩子讲一百遍道理，不如亲自做一遍给他看。想让孩子诚信，你就不能在孩子面前言而无信；想让孩子感恩，你就得记住在孩子帮你倒杯水、拿个拖鞋时说声谢谢；想让孩子环保，你带孩子出去时就要少开车。你的身教，比言传更有说服力。

第三，关注细节，润物无声。

从细节和小事做起，将品德教育蕴含在对孩子一言一行的细节引导之中，润物无声才是最有效的教育。

我经常在父母课堂上问一个问题："你们家有好吃的先给谁？"很多人不假思索："自然是先给孩子！"**孩子是晚辈，凭什么晚辈比长辈还要优先？这简直是本末倒置！这样一来，孩子无形中学会的，一定是以自我为中心，而不是分享、感恩、**

[①] 资料来源：《大学生为救2名儿童溺亡 家长怕担责让小孩撒谎》，载《河南商报》，2015-03-02。

孝顺。所以，有好吃的一定是长辈优先。爸爸妈妈可以自己先拿给爷爷奶奶姥姥姥爷吃，也可以鼓励和引导孩子："来，把这个拿给爷爷奶奶尝尝，他们一定会很高兴的！"要注意，孩子给你吃，你就高高兴兴地接过来吃，并且给他一个大大的拥抱和鼓励，千万别矫情拒绝，否则就打消孩子的积极性了。

很多孩子自己不小心碰到桌子椅子后摔倒了，有些父母就马上打桌子椅子："都是你，把我们家宝贝撞到了！"桌子椅子不会动，孩子不碰到它们怎么会摔倒？桌子椅子有什么错？孩子自己摔倒了，要培养的是反省总结的能力，担当负责的勇气，而不是推卸责任、凡事找外部原因。你可以引导孩子："既然你会疼，桌子椅子也会疼，咱们给它揉揉？"这样一来，孩子就学到了同理心、同情心。

第四，设立规矩，明确底线。

根据孩子的身心发展程度，给他设立几条品德底线，一旦触碰绝不姑息，是件非常有必要的事情。

在我的女儿三岁时，我给她设立的三大底线就是：不能撒谎，无论什么原因；不能私自拿别人的东西，无论是爸爸妈妈还是其他人的；必须说话算话，说到做到。我平常对她一贯温和，但当她触碰到这三条底线时，我会非常严肃地和她沟通，并按事先的约定实施惩罚，无论她如何哭闹，我都不会退让。

有段时间，我和她有个约定，每天如果表现良好就奖励看三集动画片，如果表现不好，比如没有乖乖洗脸刷牙、忘记收拾玩具，那就会减少集数甚至完全扣除。她看动画片的过程我是基本不管的，她早就学会了自己开电脑、自己统计集数、看完三集自己关机，我一般会在卧室边工作边用耳朵关注着客厅的声音，以监督她是否按规定只看了三集：动画片片尾曲唱了三次，自然三集也就结束了。

后来有一天我在卧室注意到她已经看完了三集，第四集又接着开始了，便过去问她看了几集了，她说两集。我说："真的吗？你是不是记错了？你再想想，妈妈再问你最后一遍，看了几集了？"她眼神闪烁了下，依旧说两集。我马上严肃地看着她："妈妈刚才注意到你已经看完三集了，现在是第四集！请你马上关掉电脑！"她看了看我，很不乐意地磨磨蹭蹭关掉了电脑。

我问她："为什么看完三集还不关机？为什么给妈妈说只看了两集？"她不吭声，不一会儿开始哭泣。我没有像往常一样抱着她安慰她，只平静地告诉她："妈妈知道你很喜欢看动画片，但撒谎是不对的，妈妈不喜欢你这样。作为对你撒谎的惩罚，明天不能看动画片了。你接受吗？"她边哭边点头。我这才轻轻抱了抱她：

"知道错了就好，妈妈相信你下次会说到做到！"

果然，从那以后，她又恢复了以往的自我管理模式，每次看完三集动画片就乖乖关掉电脑，还大声报告给我听："妈妈，看完三集了，我关机啦！"我则会微笑着肯定她："很好，你是个说话算话的好孩子！"

第十章 教养：润物无声，让孩子进退有度高情商！

某少儿竞赛考场外，考生进场后，遍地都是扔弃的废纸。废纸哪来的？因为考点外有很多培训学校在发资料，不少父母和孩子接到资料后随手将其扔在地上。

不难想象，参加竞赛的这帮孩子，大多都是成绩傲人者。也许他们能在比赛中考到很高的分数，可是，一个连基本的公共卫生意识都没有的人，如何在社会的考场上安身立命？

我不知道女儿以后有没有机会参加这样的竞赛，但我希望，将来无论她在何种场合，一定要谨记做人的基本教养：不给别人添烦，不给社会添乱。做到这一点，就算输了比赛，她依旧是我心里最可爱的宝贝。

一、什么是真正的教养

你可能要问，品德和教养有什么区别？举个例子。如果你想要一台跑步机，你通过正规渠道购买，而不是偷窃抢劫诈骗，那么在这件事上你的品德是过关的。接下来，如果你想把跑步机放在家里，应该怎么使用呢？如果你把跑步机放在卧室，半夜三更开启锻炼模式，吵得楼上楼下不得安宁，这叫教养有问题。如果你考虑到不能影响邻居，把跑步机放在阳台，在机器底下垫一层缓冲泡沫，锻炼时间选在上午八点后、晚上九点前并且避开中午十二点到两点，那么在这件事上我必须给你的教养点赞。

当然，有品德的人不一定有教养，看起来有教养的人也不一定有品德，因为教养也可能是伪装出来的。所以，只有基于品德之上的教养，才是真正发自内心深入骨髓的教养。如果简单用分数来衡量，有品德的人大概可以保证60分的及格线，既有品德又有教养的人，就可以达到80分了。

教养的本质，是基于同理心、公德心之上的高度自律。同理心，是一个人能设身处地、将心比心地理解对方的感受；公德心，是一个人能换位思考，为他人着想，不给他人增添麻烦。两者都是情商的重要组成部分，但同理心通常有明确具体的对象，而公德心的考虑对象是不确定的广大公众，是防患于未然，因此，公德心比同理心更具有博爱精神。对有同理心的孩子而言，公德心相当于举一反三，因此修炼起来也更容易。

一个具有高超同理心的孩子，毫无疑问，也是一个人见人爱的孩子。一个没有同理心的孩子其实是很可怜的，因为他成年后在为人处世方面会存在重大缺陷，他可能交不到真正的朋友，也很难受到他人的欢迎。

二、如何强化孩子的同理心

应该说，从生命开始的那一刻，我们的机体就具备了同理心。比如，小婴儿听到其他婴儿的哭泣声时，所做出的反应往往就是自己也跟着哭，所以常常一个婴儿哭，最后就是一群婴儿哭成一片。

所以，孩子的同理心具有与生俱来的生理基础，作为父母，我们要做的，与其说是如何培养孩子的同理心，不如说是如何给孩子提供一个让其同理心正常发展的良好环境。

如果在日常生活中，父母对孩子、对他人都能真诚地表达自己的喜怒哀乐，同时也能真诚地去感受孩子以及他人的喜怒哀乐，孩子的同理心自然就能得到良好的滋养与发展。只有孩子经常被父母理解、支持，才能滋生出理解他人的能力。

具体来说，如何引导和强化孩子的同理心，我认为可以从以下三点着手。

1. 让孩子学会倾听，懂得尊重

倾听是同理心的开始。因为倾听首先满足的是对方"倾诉"的欲望，表达的是对对方的尊重。其次，只有用心倾听，才能去观察和理解对方的话语及情绪，才能有效地感受和回应对方。

所以，父母首先要教会孩子的就是，在别人说话时，要专心聆听，不能随便打断插话，也不能左顾右盼心不在焉，而是要真诚地注视着对方。

关于这一点，孩子最好的学习途径就是，父母必须学会尊重和聆听孩子。孩子平常找你时，无论你多忙多累多烦心，都记得不要敷衍，要及时反应。否则时间一长，孩子最后学到的就是把你的话都当耳边风，自然也就谈不上去认真倾听别人了。

就算你真的没空聆听，至少也要耐心地做个说明，比如："宝贝，爸爸也很想和你聊聊天陪陪你，不过现在爸爸确实有紧急的事情需要先处理一下，我过30分钟再过来找你可以吗？"

2. 启发孩子换位思考,感受别人的感受

这种换位思考,通常有两种不同的情况。

第一,我的行为会给别人带来什么感受?

当孩子出现伤害他人的言行时,父母要做的是,首先表现出对受伤害方的同情和关心,启发孩子去换位思考自己的言行给对方带来的不良感受,而不是批评否定孩子的行为,或者是着急马上解决这件事情。

第二,对于别人的遭遇,我有什么感受?

当孩子面对别人遭遇的一系列事件,无论是好是坏,作为父母,你也可以提醒孩子去思考别人面对这种遭遇的感受和反应,以及对方的需要。

无论哪种情况,你都可以用以下常用句式来启发孩子换位思考:"如果……你会有什么感觉?""你还记得你……吗?"

3. 教会孩子积极回应对方的情绪

一位老人坐在公园的椅子上呜咽,他刚刚失去了相伴多年的老伴儿。一个小男孩看到后,跑过去想看个究竟,他爬到老人的腿上,静静地坐在那里。奇怪的事情发生了,老人一下子就觉得好了很多,情绪也稳定下来。后来,男孩的妈妈问他对老人说了些什么,男孩答道:"我什么都没说,只是看着他哭泣。"

感受别人,是为了更好地回应别人。所以,父母还需要教会孩子,在感受到别人的感受之后,要用合理的言行来回应对方,向对方表达出来,让对方知道,你很理解他,很在乎他的感受。

这种回应,可能是一段沉默的陪伴、一句温暖的话语,也可能是一个微笑、一个温暖的拥抱,或者是一次实实在在的分享,比如分享自己的食物、玩具等。

假如你和自己的孩子看到另外一个孩子被其他孩子抢走了玩具,你该如何处理?

你可以借此机会来启发孩子:"你看那个小朋友的玩具被别人抢走了,你觉得他会有什么感受?你还记得上次你的玩具被人抢走时你的心情吗?那个小朋友现在一定和你当初一样很生气很难过,你能做点什么来安慰一下他呢?"

鼓励孩子去向对方表达关心和安慰:"我知道你现在一定很生气很难过,我陪你一起去和他好好谈谈!"或者"我把我的玩具给你,我们一起玩吧!"

这样一来,孩子慢慢就知道了如何发自内心地去同情和关爱别人、帮助别人,逐步体验到什么是爱人如己、什么是越付出越快乐。

如果孩子出现了伤害别人的言行，父母还需要劝导孩子为自己的错误言行承担责任，并督促孩子去积极回应对方的情绪，做出补救和安慰。这样一来，孩子才能从这次的错误中汲取教训，进一步提升其同理心，同时也在道德方面走向成熟。反之，父母如果只会简单粗暴地批评及惩罚孩子，则会阻碍孩子同理心的发展。

换个角度，假如你的孩子抢了另外一个孩子的玩具，你该如何处理？

如果你命令孩子："赶紧把玩具还给别人！"也许他会屈从于你的要求，但那一定不是心甘情愿的，你可以尝试先这样来启发孩子："如果你正玩得高兴，别人突然抢走你的玩具，你会有什么感觉？你是不是会很生气很难过，并且可能再也不想跟他玩了？"这样一来，孩子自然就会由己及人，去理解自己的行为给别人带来的不良感受，从而激发其内疚感，愿意去终止或者补救这一不良行为。

在孩子体会到别人的感受之后，你就可以接着引导孩子进入"回应"这个步骤："他现在很生气很难过，你应该怎么做来让他不再生气和难过呢？"让孩子学会去回应对方的情绪和感受，对自己的行为进行补救。比如，鼓励孩子去向对方道歉："对不起，因为我抢你的玩具让你生气难过了，我把玩具还给你，我们和好吧（我们一起玩吧）！"

三、这些礼仪就是教养

同理心和公德心的主要外在表现，就是为人处世的各项礼仪，进退有度，润物无声，让每一个身边的人如沐春风。

相信不少人都有过类似的经历：去餐厅吃饭，邻桌的"熊孩子"折腾个不停，大声说笑也就罢了，要是不停地敲碗筷、爬桌子，再加上旁若无人地追逐嬉戏，估计这顿饭就很难吃得安稳了。

荀子曰："人无礼而不生，事无礼则不成，国家无礼则不宁。"

在过去十多年的成人教育培训中，我听过很多因为一个礼仪细节没做到位而影响生意的真实例子。比如一位总经理在和投资人谈判时跷着二郎腿，还把脚尖冲着对方不停抖动，被认为不够稳重而丢掉了上千万元的投资；一位业务员在与一个高端客户见面握手时，因为只伸了个手指尖，被认为不够真诚而丢掉了上百万元的保单。

听起来很冤是不是？如果这些人从小接受了良好的礼仪教育，养成了良好的礼仪习惯，自然不会输在这类细节上。

没有孩子天生就是"熊孩子"、捣蛋鬼，儿童期是习惯养成的关键时期，抓住这一时期对孩子进行文明礼仪教育，使孩子从小学礼、知礼、懂礼、用礼，这将关系到孩子一生的发展。

那么，礼仪到底是什么呢？简单来说，礼仪就是人们在各种社会行为中应当遵循的一系列约定俗成的规范。

对孩子而言，至少有这么六大方面的礼仪是必不可少的：个人礼仪、家庭礼仪、学校礼仪、公共场所礼仪、人际交往礼仪、节日礼仪。

• 个人礼仪是指孩子个人生活中的基本行为规范，包括仪表、仪态、生活礼仪三个方面。比如，头发要梳理、衣服要整洁，这是仪表礼仪；坐有坐相、站有站相，这是仪态礼仪；进餐不说话、不浪费食物，这是生活礼仪。

• 家庭礼仪是指家庭成员之间的基本行为规范，比如进出家门要和家人打招呼、进爸爸妈妈的房间要先敲门等，让孩子学会尊重每一位家庭成员。

• 学校礼仪是指在校园生活中的基本行为规范，比如上学、放学主动与人打招呼、上课积极倾听发言举手、玩耍运动时要排队互助等，让孩子学会与同学、老师和谐相处，融入集体生活。

• 公共场所礼仪是指在公共场所中的基本行为规范，比如走路时要靠右、不勾肩搭背、等候要排队、说话要轻声等，让孩子学会有效自我管理、不影响他人。

• 人际交往礼仪是指在日常人际交往中的基本行为规范，比如说话时要看着对方的眼睛、保持微笑并积极倾听、使用文明礼貌用语、学会分享与协作、懂得谦让与包容、乐于助人等，让孩子学会与人有效沟通及交往，成为一个受欢迎、有魅力的人。

• 节日礼仪主要是指我国的传统节日及国际通行的节日风俗，比如我国特有的清明、端午、中秋等节日，以及国际通行的劳动节、儿童节、母亲节等，让孩子传承传统文化，融入世界舞台。

四、如何提升孩子的礼仪教养

作为父母，该怎样对孩子进行礼仪教育、提升孩子的教养？以下三个结合是我认为最重要的原则与方法。

1. 言传与身教相结合

网上曾经爆料某餐厅内，一位妈妈竟然用餐厅的碗给孩子接尿。被人发现后，这名女子辩称"反正碗都是要洗的"。

一位网友在某处地铁看到这样的暖心一幕：等地铁的时候，一个宝宝问脚下踩的脚印图案是干吗的，爸爸妈妈还有外婆，特别耐心地给他解释是排队的，并且整齐地排了队给宝宝看。

什么叫公德心、公共礼仪，两个不同家庭的家长分别用行动给出了自己的答案，再好的学校、再贵的教育，也比不上有教养的父母。

以身作则，言传与身教相结合，这个规则是所有家庭教育的基本法则，礼仪教育当然也不例外，甚至更重要。因为礼仪本身就是一系列的言行规范，这些规范，都是实实在在要体现在言语和行为中的。所以，父母怎么说、怎么做，孩子是最容易有样学样直接复制模仿的。说得直接点，自己做不到的事情，哪有资格要求孩子？

2. 特定教育与随机教育相结合

所谓特定教育，指的是针对某个特定的目的，有计划地对孩子进行特定内容的指导与训练。比如你想让孩子学会文明礼貌用语，就可以为此专门准备一节课程，在家来教导孩子。这类课程的具体形式最好能尽量生动化和具体化，通过绘本、童话故事、儿歌、动画片等素材，结合父母示范、情景模拟、游戏、表演汇报等方式，让孩子首先做到"知道"。

具体来说，任何一个礼仪规范的教育，至少包括四个要素：在什么情况下，应该怎么做/说，不应该怎么做/说，为什么。

随机教育，则是指善于利用偶发事件对孩子进行随机性的礼仪教育。孩子生活中时常会有意想不到的事发生，父母要抓住时机因势利导，挖掘偶发事件的教育价值，引导孩子在真实的场景中强化对相应礼仪规范的认知和理解。

比如，你带孩子外出就餐，邻桌的孩子在敲打碗筷，你就可以轻声问问孩子："你觉得他们这样做对不对？为什么？应该怎样做才合适？"再比如，你带孩子去等车，有人插队了，有人乱扔垃圾了等，都是进行随机教育的好时机。

3. 日常实践与积极反馈相结合

"知道——理解——做到——固化"，这是礼仪教育必须经历的一个基本过程。从知道到理解，需要的是真实场景和案例的触动；从理解到做到，需要的是日常实践的机会；从做到至固化成习惯，需要的则是持续的反馈。

父母在礼仪教育中，务必以孩子的日常生活为中心，引导孩子从小事做起，由小到大，由易到难，逐步提高。比如，吃饭的时候可以讲讲吃饭的礼仪规矩，同时马上实践；倒垃圾的时候可以讲讲垃圾入箱和垃圾分类的知识并马上实践。走到哪里就教到哪里、实践到哪里，这样的教育就不会让孩子感到过于说教而反感排斥，更多的是润物细无声。

孩子有了实践，接下来父母要做的，就是对孩子的实践过程和结果予以积极反馈，肯定做得好的，提出还有待进一步完善的，从而帮助孩子进一步明确礼仪规范的标准，增强自信，最终逐步养成良好的礼仪习惯。

比如学了家庭礼仪之后，孩子回家主动和你打招呼"爸爸妈妈，我回来了！"你就要马上予以反馈："刚才你回家主动和爸爸妈妈打了招呼，这是对爸爸妈妈的一个尊重，我们很开心！要继续坚持哦！"孩子得到认可与肯定，自然情绪高涨，自我认同更多，下一次也就更愿意主动打招呼了。

当然，除了随时的语言反馈，你也可以给孩子一些更有仪式感的反馈。比如实践坚持到一个月或者三个月时，可以给予孩子"小淑女""小绅士""礼仪小明星"等荣誉称号，并用荣誉证书等形式在家里展示出来，这样一来，更能起到随时激励孩子、促进孩子自我管理的良好效果。

第十一章　规则：合规守信，畅行未来的通行证！

随着技术的发展，我深信，未来社会信用体系会日趋完善，我们每个人都会置身于一张无形的信用网之中，我们每一次的行为，无论是网购、刷信用卡、付电话费、付水电燃气费、开车出行等生活小事，还是就业、合作、贷款等重大事项，都将被一一记录下来，累积成我们的个人信用档案。你的信用等级越高，你获得的信任和资源就越多，你的办事效率也就越高。未来，将不再是一个刷脸的时代，而是一个刷信用的时代。信用，才是孩子立身未来、畅行无阻的最佳通行证！

一、守信，从合规开始

对孩子而言，信用意识的培养，是从日常的基本规矩和纪律开始的，这些规矩和纪律会逐步内化于心，最后帮助孩子从他律成长到自律。正常情况下，这个成长转变在10—12岁自然会实现。那些长大后缺乏规则意识与自律精神的人，多半是小时候没有打好这个基础。

我们经常听到很多人说："孩子还小，不懂事，长大就懂事了。"孩子小，真的就没有关系吗？懂事这件事，还真不是一两天就能练出来的，要知道，每个大人可都是从小孩长大的。我们的教育观念里，有一个"让小"的习惯，容易对小孩过度纵容，孩子小，就依着。但是，再小的孩子也会长大，冰冻三尺，非一日之寒。一个孩子如同一棵小树苗，小时候长弯了，长大了要掰直，几乎不可能。

没有规矩的孩子会怎样？那就是各种捣蛋、闯祸、惹麻烦，自私、任性、不守规则和纪律，坏脾气与坏习惯统统都来了，让人难以招架。而且，没有规矩的孩子很容易犯错，到了一个集体往往就成了最不受欢迎的那个人，被其他人指指点点甚至排斥。最可怕的是，一个孩子从小没有规矩，没有对规则的敬畏之心，长大后肯定会变本加厉地去打破规则，处处以自我为中心，以为自己的一切所想所言所行都是对的，别人对他只能顺从不能违背，否则就非要闹他个鸡飞狗跳不可，至于规则、法律、道德等在他眼里，都是不值一提的。

父母不懂立规矩会怎样？那就会有操不完的心、受不完的罪。比如有些孩子一上街，见到好东西就想买，不买就又哭又闹，如果你事先和孩子商定规矩，能买什么、买多少，就不至于临时和孩子去讲道理。立好规矩，凡事按规矩执行，父母就不需要时时刻刻去监督、提醒、催促和唠叨孩子，否则不光让孩子觉得烦，你自己也烦。

二、孩子规矩管理三板斧

到底如何给孩子立规矩？我提炼出了一个规矩管理三板斧，掌握了这三板斧，你就能"简简单单立规矩，轻轻松松教孩子"。

一板斧：哪些规矩必须定

经常有父母找我咨询这个问题：我不想把孩子管得太紧，想给他自由，但又不知道如何把握好这个尺度。要解决这个问题，关键就是要弄清楚哪些地方必须定规矩，哪些地方是可以不定规矩给予孩子自由的。

一个妈妈的切身经历：当我看到餐厅里四周食客的同龄的孩子们都规规矩矩地坐在儿童椅上吃饭，而我的儿子却自己脱了鞋在椅子上各种不老实时，我怀疑是不是我的教育出了什么问题，居然教出这么没有规矩的小孩。然后孩子他姥姥说，你不是放养么？我无言以对。

其实，放养不等于放任自流，而是在底线、原则和规矩的基础上，尽量给予孩子爱和自由。放养与规矩并不矛盾，关键是要把握好尺度，知道什么时候可以放，什么时候必须收。

很多人简单地认为西方教育就是所谓"放养"，中国教育就是所谓"圈养"，其实这是典型的道听途说、以一概全。西方教育虽然表面看起来对孩子极度自由，以孩子的个性和兴趣为导向，允许孩子各种"不靠谱"；但在某些方面，其实比我们抓得更严格，比如孩子的品德与教养方面，小到吃饭、穿衣、走路，大到人际交往、为人处世。"绅士"一词代表的可不仅仅是表面的优雅，更有背后的高尚，而促成优雅和高尚的，就是一系列极其严格的言行举止的规范。

在我的"中国式"精英教育体系里，我把培养孩子分成4个阶段，也就是4个学会：学会生存、学会做人、学会做事、学会幸福。在这当中，最需要多多管控的是学会生存、学会做人。

在学会生存方面，凡是涉及孩子生命安全的事情，涉及孩子将来能否生活自理、独立生存的事情，父母必须要严格督导，比如不可以玩危险游戏、不可以乱动危险物品等。

成大业者，必先做大人，在"学会做人"方面，凡是涉及孩子的道德品行和教养方面的事情，涉及孩子将来是否能立身于社会的事情，父母必须要严格要求，比如不可以撒谎、私拿别人东西、欺负弱小，比如排队、交换、协作等。这些规矩的制定，能帮助孩子这株小树苗在社会的土壤里从小扎下深根，从而让他的生命之树更加枝繁叶茂。

除此以外，在学会做事、学会幸福这两个方面，则需要换个角度，尽量给予孩子更多的自由。父母必须深入地了解孩子的性格特质与天赋潜能，理解孩子的个体差异，尊重孩子的自由权利，不强迫、少干涉，放手让孩子自己去选择、去决策、去尝试、去探索、去试错。

立规矩的目的，最终是让孩子不需要规矩。因此，父母必须尽量放手多给孩子一些自由成长的空间，帮助孩子逐步从他律走向自律。大规矩有了，小规矩就要少一点；大规矩严格，小规矩就要稍微宽松点；切忌事事干涉、处处控制，让孩子无所适从。长期在父母压制下的孩子往往会走上两个极端：要么孩子被管束成小绵羊，逆来顺受，没有个人的主见，什么都要别人来做主；要么孩子受不了长期的压制，最终奋起反抗，过早叛逆，经常做出一些让人头疼又无法处理的棘手事情。

二板斧：如何制定规矩

1. 规矩制定要民主

有位妈妈对我说："我一般规定孩子周末才能玩游戏，一次不超过20分钟。"这句话的关键词是"我规定"，对孩子而言：你的规定与我有什么关系？我为什么非要遵守？

所以，规矩的制定一定要充分尊重孩子、相信孩子，和孩子有个沟通商讨的过程，让孩子积极参与到规矩的制定中来，否则孩子就会觉得那只是大人对他的要求与限制，很难从心底认同与接纳。

当然，鉴于孩子年龄的不同，我们开放给孩子的民主程度也会不同。3—6岁的孩子，还不具备逻辑思维，你可以给他做做具体的选择题。比如"洗脸刷牙后再看动画片，看完动画片再洗脸刷牙，你要选哪个？"让孩子自己选择，如果孩子表明两个都要的话，你就要表明规则的严谨性，只能选一个，不可妥协。7—11岁的孩子，逻辑思维已经在发展了，你可以给他更多的建议权。同样是看电视的规矩，你可以和他探讨下这个事情的规矩应该定成怎样合适，包括是否可以看、看的频率、看的时间、看的内容等。

2. 规矩意义要说清

立规矩的目的是为了让孩子更安全、更快乐、更高效，而不是为了方便成人束缚和控制孩子，这是规矩有效的基本前提。所以，任何规矩在建立之前，必须要让孩子理解和认识到规矩之美，也就是遵守这个规矩能给他带来什么正面的结果或体验。当然，也要让孩子认识到如果不遵守规矩会带来怎样的严重后果。孩子明白了规矩的必要性后，就会启动自我约束模式，更主动地遵守规矩。

比如为什么要排队？你可以告诉孩子：玩滑梯时，大家一个接一个排队轮流玩，每个人都可以很快地玩到。下楼梯时，如果不排队，后面的人推搡着前面的人挤成一堆，就很容易发生踩踏事故或者滚下楼梯。

比如吃饭时为什么不可以边玩边吃？你可以告诉孩子：吃凉饭菜对身体不好，别人都吃完了你还没吃完，就会影响别人的下一步工作。而早点吃完，你就可以早点去玩自己喜欢的游戏或者玩具，否则饭也没吃好、玩也没玩好。要让孩子明白，不是不让他玩，而是尽快吃完后可以更好地玩、有更多时间去玩。

孩子都很聪明，当他们真正意识到某个规矩对自己的好处之后，他们一定会努力往那个方向靠拢。我们要做的，就是利用这一点加以引导。

我女儿特别喜欢听我给她读书，每天晚上都要我给她读至少半个小时。所以她偶尔不按规定的时间去洗脸刷牙时，我就提醒她："快点洗完脸刷完牙，妈妈就可以给你读三本书哦！如果你弄得太晚，我们就只能读两本或者一本，甚至可能连一本都读不了啦！"她一听就会马上行动。有时还自己很早就跑去刷牙洗脸，并且喜滋滋地对我说："妈妈，今天我完成得很快，可以听你读四本书啦！"

对幼儿而言，引导他们体验规矩益处的最佳方式就是游戏，让他们切身感受守规矩的好处，以及如果自己不守规矩对别人带来的不良影响。比如排队，你可以组织几个邻居小伙伴一起去玩滑梯，让他们体验不排队和排队的感受，并且直观地看到后果。同时，也可以和孩子玩换位游戏，比如让孩子当老师，爸爸妈妈扮演不守纪律的孩子，让孩子感受到在集体生活中，如果没有共同遵守的纪律将会是怎样的混乱。

3. 规矩内容要具体、完整

规矩的内容必须让孩子清楚地知道"好与坏""可以与不可以""合适与不合适"之间的具体标准，知道在什么场景下该如何言行，所以，规矩的内容必须具体、全面。

什么是具体的规矩？起床后要把被子叠起来放在左边床头、把床单捋平整，饭后要把碗筷勺子等全部餐具放进洗碗池，这是具体；午睡起床后要收拾床铺，饭后要收拾碗筷，这就过于简单笼统，孩子依旧不知道要怎么操作。

一位妈妈的吐槽：前段时间，孩子告诉我说，他的朋友平时做完作业都可以看电视。我后面和他商量，在保证成绩不下降的情况下，周一到周四，可以选择2天看电视、2天运动，当然看电视的时间在晚上8点以前，超过8点不许看。结果，看电视那两天表现确实不错，我检查作业的时候，他会去洗饭盒、水壶等；但是到运动的那两天，8点以前都还在磨蹭，书本满地都是，还没洗饭盒。我一生气，就取消了他晚上8点以前可以看电视的规矩。结果到现在孩子都是每天回来就写作业，但是会磨蹭到晚上9点半才上床睡觉。

这个孩子为什么会在看电视那天和运动那天有截然不同的两种表现？很显然，因为看电视是孩子渴望的，运动是他讨厌的，而规矩中只规定了看电视那天的要求，没有规定运动那天的要求，更没有把运动和看电视挂钩，这样一来，孩子就势必会钻规矩的空子，选择对自己有利的方式来执行。这就是典型的规矩内容不够完整，与规矩相关的因素考虑得不够周到，没有全面挂钩，导致孩子有空可钻。

除此之外，很多父母常犯的另一个错误是，给孩子制定了各种规矩，比如什么能做，什么不能做，但往往忽略了一点，那就是假如孩子做到了有什么鼓励，没做到该如何提醒、有什么惩罚，这叫有目标没监管、没考核，同样也是不完整的。缺乏了监管与考核，规矩对孩子的吸引力和约束力自然都会大幅降低，所以当孩子不执行规矩时，我们往往就束手无策了。

所以上面案例中的规矩就可以改成：在保证成绩不下降的情况下，周一到周四，可以选择2天看电视、2天运动，看电视的时间在8点以前；并且在不看电视的几天里，也要同样保证按时完成作业、做好运动、收拾好个人物品、按时上床睡觉。如果没有做到，则取消看电视的权利；如果连续三个月做到，就可以享受某某鼓励或奖励。

要注意的是，规矩的激励措施要以鼓励和奖励等正激励为主，批评和惩罚等负激励为辅，尤其忌用体罚。正激励要以精神鼓励为主、其他非物质奖励为辅，切忌过度依赖单纯的物质奖励。

比如，给孩子授予一项"卫生小达人""家务小能手"之类的荣誉称号，并举办一个家庭的颁奖仪式，送上你自制的荣誉证书或者奖杯，这就是精神鼓励；陪孩子去一趟他喜欢的游乐园、看一场电影，这就是非物质奖励。这些都比奖励孩子一个新玩具、一件新衣服、一顿大餐等要好得多。你还可以奖励给孩子一项"特权"，比如让他当一天家庭的"指挥者"，只要不是特别过分的要求，大可满足配合他。

惩罚的方式也要尽量人性化一点，比如取消某次外出游玩、取消某个权利等，或者是有些孩子愿意承担的事情，可以尝试让他自己提出建议。像在我家，惩罚的常见方式就是取消看动画片的权利，以及零食加餐的权利。

随着孩子年龄的增长，要注意逐步减少直至取消任何刻意的奖励与惩罚，保留常规的精神鼓励与合理批评即可，避免让孩子过度依赖外界刺激的外驱力，影响孩子自主内驱力的发展，导致"不奖励不作为、小奖励懒作为"的恶性循环。只有这样，才能帮助孩子建立起真正的自律性与自控力。

4. 规矩说辞要正面

孩子往往多少都有点叛逆心，对那些"不可以、不行"之类的否定性规矩往往容易反感，所以，在表达和描述规矩时，说辞要注意尽量使用正面语言，比如"吃饭以前要洗手"而不是"不洗手不准吃饭"，"按时完成任务每次可以奖励一个小星星"而不是"拖拖拉拉就没有小星星奖励"。

多用"可以、能、行"这些肯定性的正面词语，这样一来，孩子就会觉得自己享受到的权利还是挺多的，这个规矩听起来也没那么苛刻和不近人情。

三板斧：如何执行规矩

1. 执行规矩要公平，父母与孩子都要严格自律

规矩一旦制定，不光父母对孩子要严格要求，父母自身也要严格自律、以身作则，不能朝令夕改，更不能出现双重标准，否则，"家长"这个角色的权威一落千丈，想再让孩子好好执行规矩就难上加难了。

比如上文看电视的案例，妈妈在出现问题后，不是去和孩子沟通完善规矩，而是凭一时之气直接取消了规矩，这么做传递给孩子的信息就是，反正规矩都是你们说了算，你说怎样就怎样，你说取消就取消！既然你说话不算话，我也可以不遵守！

过马路的规则相信一般人都懂，但很多人其实至少有两套规则，车多时就按红绿灯规则来，车少或者没车时就按自己的意志来。那些明明路上没车还在傻乎乎地等着绿灯亮的人，甚至可能还会被旁人默默地鄙视和嘲笑脑子不好使。

如果你今天带着孩子遵守红绿灯规则，明天带着孩子趁着没车就直接闯红灯，孩子的脑袋就会被你弄晕，不知道到底要遵守哪套规则，到底哪个是对哪个是错。如果孩子大点，也学会了你这样的"双标"，不要以为那是成熟，那恰恰是更大的麻烦！因为"双标"的人表面上懂得规则，实际上，他们内心是没有规则意识的，自然也就谈不上真正的信用，一旦有机可乘，他们就会突破规则的束缚，甚至触碰道德与法律的底线。

2. 从少到多，从简单到复杂，引导孩子逐步适应规矩

规矩的数量不要太多，每件事情对应的规矩不宜超过3条，否则孩子是记不住的，也容易让孩子感觉束手束脚。

另外，规矩的执行不要操之过急，要给孩子一个逐步适应的过程。可以先从简单的生活常规做起，比如吃饭前要先洗手，再到吃饭时要一口菜一口饭、不可喧哗吵闹，再到吃完要收拾餐具等。生活常规做好了，再逐步过渡到游戏运动的规矩、人际交往的规矩、上学的规矩等。

3. 温柔而坚定地执行规矩

当孩子违反规矩时，要用严肃的口吻、温和的态度，拒绝和纠正孩子不守规矩的行为。孩子被约束了难免会有不高兴的行为，比如哭闹，这都很正常。你可以适当安抚他，理解接纳他的情绪，耐心地告诉他原因，但一定要坚守规矩毫不放松。

比如孩子吃完一份零食之后要求你再给一份，你可以说："我知道你很想再吃一点，但是我们之前已经说好，每次只能吃一份，我相信你是个说话算话的好孩子。"然后，不批评也不发火，温柔安静地陪着他就好。孩子天生善于察言观色，一旦他确信自己的眼泪和折腾都无法打动你，他自然就会乖乖地放弃过分的要求。

切记，不要用暴力方式逼迫孩子接受规矩，比如大声呵斥、指责甚至打人之类。否则，孩子即使表面上服从了，但内心是反规矩的，这比不守规矩还危险，他可能暂时在你面前听话，但一旦离开你的视线就可能违反规矩，长大后更可能会直接挑战规则。

4. 合理提醒，及时鼓励孩子的正面行为

在规矩养成中，孩子会有一个过渡期和适应期，他可能会出现遗忘、行为反复等。面对这类情况，父母要学会巧妙合理地提醒孩子，帮助他想起规矩来，而不是简单粗暴地批评，更不能因此而随便给孩子贴上"调皮捣蛋、坏孩子"之类的标签。

提醒孩子时，记得要跟孩子面对面，让他把注意力集中在你的脸上，然后呼唤他的名字，跟孩子进行眼神交流，这样就会有一种约定感，你说起话来更有说服

力。注意不要用问句，而要以尊重的态度、坚定的口吻直接告诉他应该怎么做，如"请马上把玩具收起来"而不是"你可以把玩具收起来吗？"否则，孩子可能会理解为"玩具可收可不收"，并用一个"不"字一口拒绝你。你也可以用我前面分享过的"暗号"法，比如，收拾玩具的暗号可以是"送回家"。暗号是一种更为委婉和尊重的提醒，会减少孩子的抵触和叛逆情绪，让孩子更乐于执行规矩。

在改用电脑看动画片之前，女儿是用电视机看动画片的，因此，关于看动画片的规矩，我跟女儿有约定，每次看完她自己要负责把遥控器送回抽屉、关掉电视机电源。偶尔她忘记收遥控器，我通常不会直接提醒她"去把遥控器收起来"，而是当着她的面故意把遥控器拿起来一声叹息："哦，可怜的遥控器，你又找不到家了吗？"然后看着她，她就会立即明白，马上跑过来从我手里拿走遥控器，放回对应的抽屉。如果看到电视机还在待机状态没关电源，我会当着她的面轻轻拍拍电视机，不用我说一个字，她通常就会很快反应过来，立即跑过去关掉电源。

当孩子不听提醒时，你要清楚地告诉他后果是什么。比如：不把玩具"送回家"，玩具们躺在地上就会感冒的，它们会哭的，它们以后就不愿意和你玩了；或者是：不收拾好玩具，下次再玩的时候你就找不到它们了，那该多难受啊。当然，你也可以适当提起你们之前约定的相关激励措施。

注意，一定不要随便吓唬孩子，比如"不听话就不要你了""以后再也不准玩玩具了"，这样容易给孩子造成心理阴影，破坏孩子的安全感。而且，通过恐吓得到的顺从只是暂时的，一旦孩子长大，知道那些恐吓都是假的，那你就等着孩子的叛逆吧！要让孩子真正懂得道理而守规矩，而不是因为被恐吓而守规矩。

只要孩子遵守了规矩，你就要及时加以鼓励和肯定，帮助孩子体会到遵守规矩的快乐和成就感，他自然就会越来越乐意遵守规矩。

注意，无论是提醒，还是鼓励和批评、奖励和惩罚，都一定要趁热打铁。年幼孩子的记忆力比较差，过了这个点你再说起这个事情，孩子可能早就忘记了；年长一点的孩子，就算还记得，但早已时过境迁，效果自然也就微乎其微了。

总之，父母必须努力构建一个和谐有序的家庭环境：生活规律、长幼有序、父慈子孝、兄友弟恭、夫妻恩爱、和睦相处。这种和谐的家庭氛围，会潜移默化地影响孩子的心灵，慢慢渗透进孩子的生命。在和谐家庭长大的孩子，内心是充满爱的、温暖的、善良的，这样的孩子，自然会更有规则意识。

第十二章　法制：知法用法，国家公民从这里起步！

2017年11月，某中学一名16岁男生与班主任鲍某发生争执，男生拿出随身携带的弹簧跳刀刺伤鲍某，鲍某随即被送往医院，经抢救无效死亡。而该男生成绩优秀，是奖学金、助学金获得者。①

面对这样的恶性事件，一串痛心疾首的追问发人深省：这样的付出得到这样的回报，是学生的问题，学校的问题，还是社会的问题？

没有孩子天生就是杀人犯。老师纵然有言辞和管教严厉之处，但我们又何尝忍心苛责一位兢兢业业的高中班主任老师。社会的不良影响自然是有的，各种暴力内容的传播也是防不胜防。我以为，造成这个局面，真正负有不可推卸的责任的，当是这个孩子的父母。

这样的孩子，学会了学习，学会了考试，却没有学会做人，不懂得控制情绪，连最基本的道德与法制观念都如此淡漠缺失。

近些年，未成年人违法犯罪的问题日渐增多，犯罪年龄也日趋低龄化。未成年人违法犯罪的一个重要原因就是法律意识淡薄。如果孩子的心中有法律意识，遇到事情的时候，他就会首先想到法律法规，知道违法带来的严重后果，这不仅会约束他的行为，避免犯罪，而且还会让他懂得运用法律手段解决问题，用法律守护自己的安全，避免因为一时冲动而酿成大祸。因此，从小对孩子进行知法、守法、用法的教育，培养他们的法制观念，是每位父母应尽的基本责任。

一、知　法

让孩子学法知法的最好方式，是结合生活就事论事、以案说法，让孩子明白法律与我们每个人的生活都是密切相连的。比如，看见公共财产，父母就可以给孩子讲公共财产所有权、讲侵犯财产罪；看到红绿灯，父母就可以给孩子讲《中华人民共和国道路交通安全法》；当孩子在学校被欺负了或者目睹别的同学被欺负，父母

---

① 资料来源：《湖南高三生称刺死班主任系"一时冲动"，冲突原因正调查》，http://www.360doc.com/content/17/1114/15/37617931.703760941.shtml,2018-8-30。

就可以给孩子讲公民人身权利、讲《中华人民共和国未成年人保护法》，并且告诉孩子不遵守法律的后果是什么，让孩子看得见、听得懂、记得牢、照着做。

日常生活中凡是涉及法律的，父母一定要给孩子严肃澄清：这不光是道德问题，更是法律问题。比如，未经允许私拿别人的东西，是"偷窃"；打人骂人侮辱人，是侵犯他人人身权利及名誉权；损坏别人财产，是侵犯他人财产权等。这些事情，都不是简单道歉、赔偿就能了事的，更不是爸爸妈妈能随便代替承担责任的。

父母平时可充分利用各种素材，与孩子一起探讨，对孩子进行生动直观的法制教育。比如社会热点事件、各种法制节目、各类法制教育展览，以及相关的电影，不断提高孩子对法制的认知与理解能力。

作为父母，对《中华人民共和国预防未成年人犯罪法》《中华人民共和国未成年人保护法》这两部法律一定要熟悉，并且经常和孩子交流探讨。

二、守　法

有个少年被人欺负了，很愤怒，冲进家门就拿刀子，说要去把那个欺负他的同学给砍了，爸爸没有阻止儿子，只是平静地说："你可以去砍他，因为你确实很愤怒需要发泄，你等下我先收拾点东西。"儿子很奇怪，就暂时停下来看着爸爸。爸爸回到房间收拾了一堆衣物出来，儿子问他为什么，爸爸说："如果你真把人砍伤甚至砍死了，是要承担责任的，你是未成年人，但已经满了十四岁，我是你的监护人，我们可能都要坐牢，总之肯定需要在监狱里待很长时间，所以我得提前把东西收拾好。"

儿子这才意识到以暴制暴不是最好的解决方法，于是他马上冷静了下来："爸爸，我觉得我不能这样去砍了他，我不能让你跟着我一起去坐牢。"这时，爸爸才平心静气地去跟儿子沟通，该如何积极处理这样的矛盾和冲突。

这位爸爸很聪明，他知道儿子在愤怒中是没有理智的，一味阻止和讲道理让他守法很可能适得其反。于是他以退为进，先认同儿子的选择，让儿子的情绪有个发泄缓冲，然后通过收拾监狱里需要的物品这一行为，让儿子意识到冲动的严重后果，最终逐步冷静下来。这其实就是"教练"这个角色的精彩呈现，其背后的引导逻辑是：孩子，你可以选择，不过在行动前让我们先看看，假如这么做，结果会怎样？当孩子意识到那不是他想要的结果之后，自然就放弃了这个选择。

想让孩子积极守法，要抓好两个方面，一是做好预防，二是及时纠偏。

近年来，校园暴力与欺凌事件常见于媒体，有的手段之残暴令人发指。染上"黑、恶"习气的孩子，他们的家庭教育往往都存在着相当程度的缺失。

第一类是"放任型"，父母忙于自己的事情，无暇顾及孩子的教育，孩子常常处于被放任的状态，从小缺乏规矩和规则意识，长大后也不受道德准则的约束，更不懂法律准绳的规范，一贯横行霸道，为所欲为，脾气暴戾，一遇矛盾冲突，即刻采取暴力手段对待他人。

第二类是"严厉型"，父母对孩子的所有事情，不管大小一律严格要求和严格管制，父母处于绝对权威和强势地位，孩子稍有过错，轻则遭受责备训斥，重则经受皮肉之苦，孩子长期处于被压制和被胁迫状态，内心焦虑、恐惧、压抑，时刻充斥着抗拒或报复心理，所以遇事容易借机爆发，行为极端。

第三类是"骄纵型"，家里的长期溺爱，使得这些孩子往往以自我为中心，目空一切，唯我独尊，只要自己的利益遭遇威胁或者自己的诉求得不到满足，就会肆无忌惮地采取暴力手段维护，从来不计行为后果。

因此，杜绝这三类家庭教育模式，就能从根本上预防并避免很大一部分孩子变成"熊孩子"，甚至陷入"黑、恶"的违法犯罪之中。

除此之外，孩子由于年龄小，辨别是非的能力尚弱，容易受社会不良环境的影响，容易受坏人教唆走向犯罪。因此，父母一方面要为孩子营造一个良好的成长环境，过滤各种信息渠道中的暴力、色情、赌博、恐怖活动等危害未成年人身心健康的内容，防止孩子沉溺于网络游戏，万一孩子不小心接触到，要正确引导孩子；另一方面也要密切关注孩子的人际交往圈，让孩子多和品德高尚的人来往，发现不正当团伙要及时向公安机关举报。

除了预防，父母也要注意防微杜渐、及时纠偏。一旦孩子思想和行为出现不良的小苗头，就要及时教导、纠正，发现孩子有违法行为时，更要严肃处理。

比如，孩子打了人，谁去道歉？谁来赔偿？很多父母的选择是自己出面，代替孩子去道歉、安抚、赔偿，更有甚者，直接拿钱搞定，这样一来，孩子永远不会留下深刻的教训——反正出了事有父母帮我善后，怕什么！

孩子做了错事犯了法，自己做事自己担，这是基本的责任与担当。父母当然可以陪着孩子去道歉，但要注意，首先，是孩子要为他的错误行为道歉，其次，才是父母为自己的教育失职道歉。至于赔偿款，也一定要让孩子承担一部分。先拿出他的压岁钱等积蓄，积蓄不够的，再分次从他的零花钱里扣，还不够的，则将其当作孩子向父母的借款，不妨让孩子写个借条，等他日后有钱了再逐步偿还。只有这样,孩子才能深刻理解法律的严肃性,才能更多一份言行的自律。

三、用 法

2017年3月,一家游戏厅内,9岁的小宇和一名不认识的小个子男孩因为取游戏币的顺序产生了争执,小宇推了一下对方,随后对方将饮料甩到了小宇身上,双方扭打在地。小宇块头比较大,把对方推倒在地,小个子男孩就不停地用脚去踢。这时有大人上来阻止,小宇最后用手推了一下小个子男孩的脖子以后转身走开了,继续跟同学去玩游戏了。小个子男孩可能觉得自己吃了亏,就把自己的父亲找了过来,这位父亲一上来就对小宇拳打脚踢,幸好游戏厅的工作人员及时发现加以阻止,否则小宇可能会被打残。后来小宇的爸爸妈妈报了警,警方介入处理。[1]

本来是小宇先动手,小个子男孩占理稍微多一点,但是他爸爸这样一上来就打,就变成明显的以大欺小了。护子之心我们都能理解,但这个事情完全可以用更积极的法律手段来调解,比如到派出所报案联系上对方父母,要求对方孩子及父母道歉,承担伤情检查和医疗费用,进行适度赔偿等。

当然,如果实在无法联系到对方的父母,或者是对方的父母很不配合蛮不讲理,那么这个时候就需要适度地为自家孩子出出头,直接找到"熊孩子",警告警告他。一方面,让自家孩子明白,爸爸妈妈永远都会坚定地保护你;另一方面,是让"熊孩子"明白以大欺小、倚强凌弱是不对的,今天你欺负了别人,改天就可能会有比你更大更强的人来欺负你。

同时,父母也可以借助法律的威慑力对"熊孩子"进行一定的警告。我经常参与录制一档教育类节目,有一期节目聊关于孩子被欺负的话题,主持人分享了一个当年处理自己女儿被欺负的案例。

当时我女儿上小学,老被一个男孩子拦在路上欺负,这个男孩特别调皮,他父母对他基本是放任不管的,我知道找他父母没用,就给他的老师说了几次,但老师的教育显然对这个孩子也起不了太多作用。后来我就直接在路上把这个男孩子拦住告诉他:"我知道你经常欺负我们家姐姐,今天我来是告诉你,你这么做是犯法的!如果你再欺负她,我就不客气了!我会直接报警,让警察来抓你!"男孩还有

---

[1] 资料来源:《小孩冲突家长出头 对9岁男孩大打出手》,载《南方都市报(深圳)》,2017-03-16。

点不相信，我说："你不信啊，我告诉你，这附近的派出所在哪里，片区警察叫什么名字，我都查得清清楚楚了，我已经和他联系过了，只要你再敢欺负她，我就直接把你送派出所去！"然后还把警察名字和电话号码给他看，结果这个小男孩果然被震住了，从此以后再也没欺负过我女儿。

当孩子遭受不法侵害时，父母需要安慰他、保护他，教会他正当防卫，同时也要教会他懂得用法律手段去解决，从而维护自己的权益，最大限度地保护自己。

可悲的是，很多父母往往不可思议地反过来辱骂自己孩子："谁叫你那么懦弱、那么笨，你不会还手啊！"被害者反倒有罪了，这是什么荒谬逻辑！如果父母不改变这些可悲的思维与观念，不积极运用法律手段保护自己的孩子，一定还会有悲剧不断重演。

还有一些父母，因为自身的懦弱无能，自己被欺负忍气吞声，孩子被欺负了也让孩子忍气吞声，甚至告诉孩子"惹不起至少躲得起"。要知道，那些惯于欺负人的"黑、恶"分子，往往都是先挑"软柿子"，孩子越不敢反抗，越会被欺负。长此以往，孩子的自信自然也就消磨殆尽。

父母必须明确告诉孩子：被欺负肯定不是你的错，是欺负你的人违了法犯了罪，爸爸妈妈永远支持你，你可以正当防卫与反击，我们也一定会陪你一起用法律的武器讨回公道。

法制教育，就是要让孩子从小明白，我们每个人都是平等的国家公民，每个人都有法律赋予的基本权利与义务；我们要积极行使自己的权利，不侵犯他人权利，但也决不允许他人随意侵犯我们的权利；看到别人的权利被侵犯，亦不能袖手旁观，而是要提供积极的支持。只有这样，我们的孩子才称得上真正的国家公民，而我们的社会，才能成为一个更有序、公正、公平的法制社会。

第四篇

学会做事：
给孩子一个智慧的大脑！

导　言　孩子，学习不是万能的，但不学习是万万不能的！

亲爱的宝贝：

我是妈妈。

当你学会了生存、学会了做人，接下来，你就需要学会做事了。你的一生要处理很多事情，生活、学习、工作、恋爱、婚姻、家庭……都需要你拥有足够的智慧。

你很幸运，生在一个文明和进步的时代，"女子无才便是德"这种话已经不常见了。不过，妈妈要提醒你的是，男女平等之路还有很长。不过，好消息是，未来，技术的发展让社会对个人体力层面的要求会越来越低，而对脑力与心力层面的要求则会越来越高，未来的世界会越来越"泛性别化"。无论男孩女孩，未来共同面对的社会竞争是品德与教养的竞争，是创意与灵感的竞争，是个性与魅力的竞争。

所以宝贝，你不能寄希望于外界与他人。你必须不断努力，提升自己的精神和物质地位，只有这样，你才能对自己的人生拥有真正的话语权和决策权。而努力的最佳途径，便是"学习"。

当然，学习不是万能的，它不能马上给你黄金屋、颜如玉，也不能马上解除你的压力、消弭你的痛苦，但是，不学习却一定是万万不能的。想想看，你身边的机器人都在不断升级换代变得更智能，一个不学习的人，还能干点什么呢？

宝贝，你可能要问，学习究竟能带给你什么？

对爸爸妈妈这样出生于农村的孩子而言，学习对于我们的意义，首先是实实在在地改变了我们的命运，经过多年的努力，我们最终过上了自己想要的生活。如果不是当年你爷爷奶奶、姥爷姥姥的坚持，为爸爸妈妈创造了宝贵的上学机会，我们都不会有今天。这当然并不是全部，这么多年以来，学习早就成了我们的一种工作方式和生活方式，已经深深融入我们的骨血。

但对你而言，我不想用"命运"这个过于宏大的词。妈妈希望你的人生能够轻装上阵，不要背负那么多沉甸甸的期待与希望。爸爸妈妈不需要你负担家庭，更不需要你为我们争脸乃至光宗耀祖，你的人生，首先只需要对自己负责，而这就是对爸爸妈妈最大的负责。所以，我希望和你更轻松地聊聊学习的"有用"与"无用"。

诚然，有些学习是明显"有用"的，比如学校里的课程学习，它能提升你的知识水平、提高你的成绩，让你有机会考到一所好大学；比如你学的舞蹈、音乐、美术这些才艺，它能提升你的气质、提高你的品位，让你能展现自己、赢得机会，甚至拿到奖项、获得奖励；比如你将来在工作中学到的各种技能，它能提升你的职场地位，让你获得更多的物质回报、更好的发展空间。在这个快速变化的时代，持续地学习能帮你对抗未知的恐惧，让你在任何时候都能更大胆轻松有效地去追求自己喜欢的东西。

但是，还有些学习的作用似乎就没那么明显，甚至，你可能会觉得它们是"无用"的，比如文学、哲学、历史、心理学等。妈妈以为，它们最大的价值，是提升你的思维、格局与气度。

男人天生习惯向外看，去追求事业等外部空间，他们的烦恼通常会少很多。女人天生习惯向内看，看自己、看身边人，自然也就更容易受到情绪的困扰。宝贝，妈妈希望，你能通过这些更深层广泛的阅读与学习，突破性别的局限，修得一颗温润玲珑剔透的心。

宋代诗人黄庭坚说："三日不读书，便觉语言无味，面目可憎。"你不一定要去海洋，但你可以在书中嗅到那湿润的海风、听到那海洋深处的呐喊；你不一定要去撒哈拉，但你可以在书中看到那颗温柔的骆驼泪、见证那动人凄美的爱情；你不一定要亲自环游世界，但你可以在书中走遍世界；你不一定要亲自拜访圣贤名家，但你可以在书中与他们尽情交流。宝贝，人生若只读"有用"之书，难免荒凉寂寥、无趣窒息，但若多读点"无用"之书，则能草长莺飞、繁花似锦。

故此，学习的真正意义恐怕就在于，它让你任何时候都不会忘记抬头看看：朗朗乾坤，浩瀚苍穹，蜉蝣一世，但争朝夕，从而避免陷入一地鸡毛的生活琐事之中。

宝贝，你要学习，更要会学习。只有真正会学习的人，才能活得游刃有余，甚至看起来毫不费力。会学习的人是什么样子的？我想，他一定拥有这四项关键能力：学习力、解决力、创造力、梦想力。

学习力，包括学习动机、学习习惯、学习方法。宝贝，你要学会为自己、为兴趣、为梦想、为未来而学习，而不是为爸爸妈妈、为老师、为考试而学习。你要养成良好的学习习惯，比如阅读、预习、复习、做作业、检查等。你要去探索属于自己的高效学习方法，总结规律，举一反三，而不是靠机械的刷题和死记硬背。妈妈从初中才开始学英语，但当时从来没有为记单词烦恼过，当时英语老师教我们的记单词方法是重复背诵组成字母如"A-P-P-L-E"，但我自己发明了一个方法，就是只要能把单词读出来，那么每个读音对应的字母自然也就拼写出来了，所以我记单词又快又准，现在才明白，原来这就是简单有效的"自然拼读法"。

解决力，就是解决问题的能力。宝贝，面对人生的种种难题，如何去攻克和解决，考验的就是你的解决力。妈妈以为，无论什么问题，要解决它，首先，靠的是勇气与责任。你得敢于面对、敢于担当，并且从战略上藐视它。遇到困难就退缩的人，又谈何解决问题？其次，要靠你的智慧。你要去多方面思考和分析问题，设想各种可能的解决方案，综合权衡利弊，最终做出你的选择和决策。记住，不要追求完美，两利相权取其重，两害相权取其轻，你只要做出当下最好的选择即可。最后，要靠你的行动。一旦做出决策，你就要快速行动，抢占先机，所谓天时地利人和，时过境迁，再好的方案也白搭。

创造力，是产生新思想，发现和创造新事物的能力。新思想、新事物怎么创造出来？妈妈给你分享两个词吧，<u>一是"不破不立"，二是"推陈出新"</u>。不破除旧的，就不能建立新的，这是"不破不立"。所以宝贝，凡事你都要有自己的主见，不要盲目从众，凡事多问几个为什么、多问几个还可以怎样，只有打破旧的常规，新的部分才有可能朝你露出它神秘的微笑。去掉旧事物的糟粕，取其精华，并使它向新的方向发展，这是"推陈出新"。万事万物至少皆有两面：好的一面、坏的一面。遇到任何事情你都不妨多想想：它好在哪里？坏在哪里？坏的部分如何改善？如此一来，一个更好的"新"自然就出来了。

梦想力，是提出梦想、实现梦想的能力。宝贝，<u>你的一生能达到怎样的高度，能站在怎样的舞台，首先取决于你自己梦想的高度</u>。莱特兄弟梦想像鸟儿一样自在飞翔，所以他们发明了飞机；马云叔叔梦想"让天下没有难做的生意"，所以他把生意覆盖到了天下；捡废品的人梦想每天多捡几个瓶子卖，所以你给他一瓶没开封的饮料，他很可能会倒掉饮料去卖瓶子，而不是拿着饮料去卖更多的钱。

梦想一定是长远的、充满困难的，所以宝贝，妈妈希望你一生要努力去走更多的路、看更多的风景、接触更大的世界，只有这样，你才会敢做梦、会做梦。有一天，当某个梦让你怦然心动，继而辗转反侧、念念不忘，恭喜你，那就是你要努力的方向。

一旦锁定你的梦想，不要问是否可能，而要问如何实现，真正的梦想，值得我们用一生去追求。把梦想和现实进行对比，找到其中的差距，制订详细具体的行动计划，从现在开始，马上行动，去一点点消除这些差距，坚持下去，你就一定能实现自己的梦想。

宝贝，学习当然是辛苦的，你要付出体力与脑力，忍受孤独与枯燥；学习也是快乐的，你将体验充实与成长，享受蜕变与升华。妈妈祝福并且相信，你会在一生学习的路上，不断遇见更好的自己。

永远爱你的妈妈

2017年10月25日

第十三章　学习力：没有兴趣，何谈学习！

某个周末，一个5岁的小女孩在被妈妈拖着去上兴趣班的路上抗拒大哭："你不是个好妈妈！我讨厌你！"妈妈委屈万分："我怎么不是好妈妈？我为你操碎了心、为你付出了全部你知道吗？我连工作都没了你知道吗？你这个小没良心的！"小女孩哭得更凶，边哭边倾诉："我连周末都没了、连玩的时间都没了你知道吗？"这个妈妈，不光没了工作，更没了自我，但孩子却毫不领情。

兴趣班本该是以兴趣为导向的，可是现在，有多少孩子的兴趣班，变成了父母的兴趣班，变成了枯燥的技能班、特长班？更有甚者，父母陪孩子写个作业，却着急上火气进了医院！明明是孩子自己的事情，为什么最后却生生把父母逼成这样？

归根到底，作为父母，你是否真的理解了"学习"这件事情？你是否真的懂得如何去培养孩子的"学习力"？学习力包括孩子的学习动机、学习习惯、学习方法，下面我分别展开叙述。

一、学习动机

学习动机，就是为什么学习。要让孩子学会为自己、为兴趣、为梦想、为未来而学习，而不是为爸爸妈妈、为老师、为考试而学习。兴趣和梦想是其中最关键的两点，兴趣是最好的出发点，梦想是终极的指明灯。这里我重点谈谈兴趣，梦想放在后文"梦想力"中另行分享。

兴趣是人认识某种事物或从事某种活动的心理倾向，它是以认识和探索外界事物的需要为基础的，是推动人认识事物、探索真理的重要动机，和人的积极情感相联系。

很多孩子刚开始学一样东西时，明明是感兴趣的，是自己非要学的，可是一旦开始学习之后，往往却逐渐失去了兴趣，不再愿意坚持下去。

原因何在？其实，兴趣是有层次之分的，它包括浅层兴趣和深层兴趣。浅层兴趣往往是直接的，如好玩、有趣、新鲜、刺激等，这是即刻获得的；深层兴趣往往是间接的，如成就感、价值感、自信心、目标等，这是逐步获得的。只有从浅层兴趣逐步过渡到深层兴趣，孩子的兴趣才会真正稳定下来并长期保持，最终达到一定的深度。

比如孩子对钢琴产生兴趣，往往是因为觉得钢琴漂亮、好玩，看别人弹钢琴的样子很美，钢琴曲很好听等。刚开始学习弹钢琴时，也可能觉得新鲜、有趣；而一旦进入长期反复的练习中，那些浅层的兴趣就会逐渐消失，很多孩子就会开始逐渐觉得枯燥、乏味、累，这其实是一个很正常的过程。

就像一对男女一见钟情闪婚，等到蜜月过去，面对生活的柴米油盐，双方都开始露出自己的本来面目，尤其是习惯、性格等的差异和摩擦会越来越大，这个时候，要维持婚姻关系继续深化和前进，就必须寻找到更深层次的契合点，比如三观。如果双方能看到这一点，那就能抓大放小、求同存异，但如果看不到或者三观也是冲突的，那就很可能导致感情乃至婚姻的破裂。一见钟情往往是浅层的吸引，而三观的契合，则是深层的吸引。

要想深度发展孩子的兴趣，父母可以按以下三个步骤来进行：

第一步，提供机会，激发浅层兴趣。

想知道孩子的兴趣和潜能究竟在哪里，最好的办法是让孩子去尝试。给孩子提供各种了解和尝试不同事物的机会，在这个过程中，观察孩子的反应。要注意，这个初次的机会一定要是好玩的、有趣的，尽量让孩子的初体验感觉不错，产生更多的积极情感，那么孩子就比较容易产生兴趣。

比如带孩子去体验钢琴，如果第一次就让他练习指法，很有可能孩子就积极性全无；但如果是让他先随便看、随便摸、随便弹，孩子产生兴趣的可能性就会更大。有的孩子本来对某种事物挺感兴趣，结果一去体验就再也不想接触了，原因很可能就在于这次体验本身设计得不够生动有趣，破坏了孩子的初体验。

第二步，找到成就感，培养深层兴趣。

从浅层兴趣过渡到深层兴趣需要一个过程，在这个过程中，孩子要通过反复甚至枯燥的练习来掌握知识、技术与技能。父母要做的，就是在孩子的学习过程中不断发现他的点滴进步与收获，并及时加以肯定，强化孩子的快乐感与成就感，最终引导孩子到达深层兴趣层面。

比如学习弹钢琴时，孩子练会第一个指法，对学钢琴就有了更多的自信；弹好第一首完整的曲子，沉浸在美妙的旋律中，就会觉得之前的付出都是值得的；第一次当众表演，收获了热烈的掌声，得到了别人的尊重，就会特别有成就感和荣誉感等。只有这样，孩子才能突破钢琴练习中的困难、枯燥、辛苦等负面情感，为了获得更深层的积极情感而不断努力坚持下去。

第三步，树立目标感，稳定深层兴趣。

当孩子能真正认识到学习的意义和价值、树立明确的学习目标后，他的深层兴趣才会真正稳定下来，从而引发积极的学习行为，并且持之以恒，不会因为偶遇挫折便轻易放弃。

父母可以找一些典型的人生故事分享给孩子，这些案例最好能比较丰富和全面，古今中外、各行各业都可以有，然后引导孩子从以下3个角度去分析和总结：

（1）学习对自己有什么用？包括对现在有什么用，对将来有什么用；如果不学习，现在会怎样，将来又会怎样。让孩子逐步认识到学习是对自己人生的丰富和拓展，让自己将来能够拥有更多的机会、更大的自由、更高的生活品质。

（2）学习对别人有什么用？包括对亲人、朋友，认识的、不认识的人。让孩子感受到当自己通过学习成为一个很棒的人时，我们其实也能更好地去爱别人、帮助别人、影响别人。

（3）学习对我们的民族、国家和整个世界有什么用？让孩子感受到当自己通过学习成为一个很棒的人时，他也能通过自己的努力和付出，去推动社会的发展，推动民族和国家，甚至是整个世界的进步。

比如，孩子对化学感兴趣，你就可以激励他积累各种化学知识，研究各种化学现象，为将来研究和从事化学方面的工作，甚至成为一个伟大的化学家而打好基础、做好准备。

顺便说一句，兴趣的典型副产品就是"专心"，这是一种"集中于任何主题或对象而排斥其他思想"的心理活动，也就是"专注力"。很多父母老觉得孩子注意力不集中、专注度不够，殊不知，那往往是因为孩子并不感兴趣。

二、学习习惯

学习习惯，包括阅读、预习、复习、作业、检查、考试等方面的基本习惯，这里重点讲讲阅读习惯和作业习惯。我在前面生活习惯一文中提出了一个习惯养成四部曲，在这里依旧是适用的，即改变思维、营造环境、教给方法、积极辅导。

1. 良好的学习习惯，从爱上阅读开始

阅读习惯培养的黄金时期是6岁前，并且是越早越好。很多人说孩子这时候还不识字，还听不懂，其实，6岁前的阅读，重要的不是读进去了什么，而是培养孩子内心学习的土壤。土壤培养好了，以后学习就像播撒种子，富饶的土地上，种子随便撒都会长，但如果土地贫瘠，再好的种子也难以生根发芽。让孩子爱上阅读，就是给孩子一生的学习力打下坚实的基础。

如何培养孩子良好的阅读习惯？

一部曲：改变思维

改变思维就是学习动机，前面已详细讲到，这里不再重复。

二部曲：营造环境

首先，家里要有适当的硬件配置来营造良好的阅读氛围，比如书柜、有关阅读的字画等装饰品。如果孩子年幼，可以给他一个专属的儿童小书架，其功能并非要存放很多的书，而是对当下要读的书进行更好的直观封面展示，以吸引孩子兴趣，同时方便孩子自行拿取。

其次，除了书架上可以展示书，家中其他地方也建议多放一些书，比如床头柜、书桌、沙发边等，让书籍随时随地随手可得，强化阅读氛围。在客厅陈设上，要尽量让电视机"去中心化"，比如把电视背景墙做成书架，调整沙发的摆放位置使其不要和电视机平行相对，增设书桌，或者干脆去掉电视机等，总之，不要让人感觉一坐下就是对着电视机看电视。

最后，最重要的家庭阅读"软件"，是父母的榜样作用。父母首先要把阅读作为一种重要的生活方式和最美的人生姿态，不要让孩子觉得只有孩子才需要学习和阅读。父母经常捧着书，孩子自然就更容易对书产生亲近感，而不是对电视和游戏。放下手机，关掉电视，和孩子一起安静地阅读吧，这一定是最美的家庭合影。

三部曲：教给方法

读什么、如何读，都需要一定的方法，父母需要进行适当的引导。

孩子阅读的选择首先要以兴趣为本，各个领域都可以涉及，不要功利地要求孩子一定只能读与课业和考试相关的"有用"的书。有用无用，本就是水乳交融，比如文学名著虽不是直接的考试范畴，但读得多了孩子自然作文能力提高、阅读理解能力提高，最后不光语文成绩提高了，连带其他科目成绩也可能会提高，因为任何科目都需要阅读理解这个基础。

6岁前的孩子以亲子共读为主，亲子共读首先是亲，其次才是读，其核心价值在于"亲子"。它能有效增进父母与孩子之间的亲密关系，提升孩子的安全感与幸福感，促进孩子对父母的亲密度和信任度，从而更愿意去接纳、理解和听从父母的话，更能对父母敞开心扉。简单来说，就是让家庭教育更轻松、简单、有效。而且，父母的温暖陪伴，会有助于孩子更长时间地保持积极专注的阅读状态。等到孩子识字量越来越大，就可以逐步让孩子自主阅读，亲子共读就变成了亲子陪读，孩子读孩子的，你在一边读你的，彼此独立，但可以偶尔交流。

在亲子共读阶段，为了提升孩子的积极性和参与度，促进对书本内容的理解，父母可以用跟读、复述、角色扮演、故事改编、故事接龙等多种方式与孩子互动。等孩子可以独立阅读了，就要逐步教会他一些基本的阅读方法，如泛读、精读、朗读、抄读等，提升孩子阅读的广度与深度。

四部曲：积极辅导

在孩子的独立阅读过程中，最积极有效的辅导，莫过于让孩子当老师，让他分享自己的阅读内容，以及阅读带给他的感悟与收获。美国缅因州国家训练实验室的统计数据显示，通过"教授给他人"这一形式，学习内容的平均留存率高达90%，而单纯的"阅读"，留存率只有10%。

除此之外，给孩子提供实践的机会，以及围绕阅读内容进行深度讨论、各抒己见，也是非常不错的形式。

	学习内容平均留存率
听讲（Lecture）	5%
阅读（Reading）	10%
视听（Audiovisual）	20%
演示（Demonstration）	30%
讨论（Discussion）	50%
实践（Practice Doing）	75%
教授给他人（Teach Others）	90%

被动学习：听讲、阅读、视听、演示
主动学习：讨论、实践、教授给他人

学习金字塔
资料来源：美国缅因州国家训练实验室

2. 扎实的作业习惯，是学习的基本保障

很多父母发现，孩子小学一、二年级时，能考九十多分甚至满分，怎么到三年级就总考七八十分了呢？而且，孩子从三年级开始还变得更让人费心：坏习惯多了、开始和大人顶嘴了……这就是所谓的"三年级现象"。

原因何在？一方面，一二年级的学习以基础为主，记住就可以，而到了三年级，更多的是考察理解运用能力，学习难度一下子提高了；另一方面，孩子的自我意识变得强烈起来，有了更多的独立思维与主见。因此，只有在三年级以前，帮助孩子养成良好的作业习惯，才能为孩子的学业打下坚实的基础。

如果孩子在6岁前养成了良好的阅读习惯，6岁后的作业习惯培养就会相对容易，因为孩子骨子里对书本、对学习是亲近的。

谈到作业，很多父母第一个纠结的问题就是：到底要不要陪孩子写作业？陪吧，担心孩子产生依赖；不陪吧，孩子的作业怎么办？

我想，父母首先必须想清楚一点：陪孩子做作业的目的是什么？今天陪是为了明天可以不陪，是为了让孩子尽早建立良好的作业习惯，最终独立完成作业，独立学习。

具体来说，作业习惯的培养可按以下四步曲操作。

一部曲：改变思维

作业是谁的事？为什么要做作业？这是父母一定要和孩子好好沟通的关键话题。作业是孩子自己的事情，就像工作是父母自己的事情一样，父母陪孩子写作业，只是陪伴，绝不是陪同。

所以，哪怕刚开始需要陪伴孩子写作业，你也不要紧挨在孩子身旁或者在身后一直紧盯着孩子，那样不但会给孩子更大压力，而且会让他觉得写作业是全家的任务甚至是父母的任务。你可以坐在孩子身后侧一米左右，看看书或者做点自己的事情，这样，孩子有问题一扭头就能找到你，而你一抬头就能看到孩子的状态。等到孩子基本习惯养成了，你就可以离开他的房间了。

二部曲：营造环境

父母应给孩子营造一个干净无打扰的作业环境，给孩子一个独立的学习空间，除了作业要用的书本、作业本、文具之类，水杯、玩具、手机、零食、课外书等一切与作业无关的东西都不应出现在书桌上，这些都可能会干扰孩子的注意力。

除此之外，父母也要注意不干扰孩子，不要看电视、玩游戏、用吸尘器之类，也不要动不动就跑过去过度关心：渴了吗？饿了吗？要不要喝点水、吃点水果？或者是不断催促：写完了吗？还有多少？孩子的注意力本来天生就有，大多数都不会有什么问题，但在父母长年累月轮番干扰下，注意力不出问题才怪！因此，正常孩子的注意力根本不需要刻意培养，只需要保护即可！

三部曲：教给方法

首先，父母要指导孩子掌握科学的作业姿势，包括身体坐姿、眼部距离、握笔姿势。

其次，要指导孩子学会合理安排作业时间，懂得按作业的数量、难度来进行计划与分解，安排好作业的先后顺序。不要随口就问"今天作业多吗？"要记得用"教练式"来提问启发孩子：

- 今天有几门作业？各科作业分别有几道题？
- 哪些题比较简单？哪些题比较难？为什么觉得难？
- 你什么时候精神状态最好？什么时候精神状态会弱一点？
- 简单的放在什么时候做？难的放在什么时候做？为什么？
- 是做完作业再玩，还是先玩一会再做作业？中间是否需要休息？为什么？

从数量到难度，再结合自己的精神状态，孩子自然就能做出一个比较合理的安排。有些作业比较简单，如抄写生词之类，可以放到精力不济的时候去做。有些作业比较复杂，如思考题应用题之类，可以放到状态最好的时候去做。

很多孩子觉得作业压力大，是因为孩子没学会分解压力，教会孩子把作业分成几个小模块，每集中做完一个小模块可以适当休息5—10分钟，这样孩子就不至于太累。

最后，要指导孩子掌握科学的作业方法，先复习再写作业，写完作业要检查，复杂的作业如计算、作文之类要先打草稿再誊写，尽量少用橡皮擦，错了就在旁边重写，有对照才会有改进。

四部曲：积极辅导

父母不要紧盯着孩子不放，发现一点问题就马上开始指指点点唠唠叨叨，这只会严重影响孩子的积极性，导致后面的作业更加难以完成，不如放手让孩子全部写完再说。

检查作业是谁的事情？就算老师要求家长检查签字，但别忘了，作业是孩子的事，当然要由他自己来检查和承担责任。所以很简单，让孩子自己先检查，这叫自检，签字时也要让孩子自己先签字，这叫自签。你可以按以下两个阶段操作。

第一阶段：自检——父母检查指正——自检改正——自签——父母签字

指正前，请你记得先肯定孩子好的地方，从字迹、格式、速度、质量、态度等各方面努力找出孩子值得肯定之处或者进步之处，然后才是指出错误之处。不要直接告诉孩子错在哪里，你可以告诉他总共有几处错误，然后表示相信他自己肯定能找出来加以改正，从而激励孩子仔细核查。

第二阶段：自检——改正——自签——父母签字

当孩子自检习惯逐步养成，自检差错率大大降低后，你就可以过渡到第二阶段，不再帮孩子检查作业，也不再指正，只要他确认自己已经检查无误，他先签字，你再直接签字即可。不妨和孩子约法三章：现在你已经长大了，你的作业我不再看；只要你认为自己确实写好了检查好了，我就充分相信你，给你签字；出了问题你自己承担。记住，有时候，父母少负一点责，孩子反倒会更有责任感。

三、学习方法

学习方法这件事，每个孩子其实都是不同的，父母最重要的是帮助孩子了解自己的学习风格，找到最高效的学习方法，同时养成良好的"追问思维"。

为什么有的孩子在课堂上听讲老坐不住？为什么有的孩子能认真做好课堂笔记，而有的孩子却很少做笔记？为什么有的孩子在背记问题时非要读出声来？为什么有的孩子老爱和同学讨论问题？

原因在于，不同的孩子有不同的学习风格，只有按照自己的学习风格去学习，他们才能获得更好的学习效果。学习风格是指个人在学习的过程中接收信息、保留信息、处理信息的主观偏好方式。学习风格并无高低、对错、好坏之分，也不涉及智商高低，只是不同的人有不同的惯用方式而已。

学习风格主要包括视觉型、听觉型、动作型、缄默—综合型四大类。

• 视觉型学习风格的孩子更容易接受视觉信息，会把要学习的东西在脑海中组成图像和片断。他们适合多用阅读，看电影、电视、幻灯片、计算机、展览会等视觉呈现方式学习。

• 听觉型学习风格的孩子更容易接受听觉信息，知识经过别人讲解后，他们更容易理解、记住。他们适合多用听录音、对话讨论、辩论、讲故事、群体游戏、社交聚会、社团活动、社区活动等方式学习。

• 动作型学习风格的孩子不太善于从书本中接受知识，他们的学习往往要借助实际操作进行，包括通过身体的活动来进行练习和帮助理解，所以，多动手、多进行实验和制作是他们最佳的学习途径。

• 缄默—综合型学习风格的孩子没有特别突出的学习模式，学习时一般只能坚持15—20分钟就要停下来休息一会，他们适合综合运用多种学习方式和辅助手段，并经常加以变化。

有个小女孩，上音乐课时老师边弹钢琴边教大家唱歌，别的小朋友都在唱歌，她却一直在盯着看老师的手是怎么动的。回家之后，这个小女孩就对妈妈说"我弹给你听",果然弹得有模有样,其实她从来没学过钢琴。这个小女孩就是典型的视觉型学习风格的孩子,对唱歌的声音不敏感,但对老师的手部动作却观察很仔细。

了解了学习风格的差异,父母就能对孩子的各种学习表现多一分理解和接纳,并且更好地因材施教。

接下来你可能要问,那什么又是"追问思维"呢?所谓追问思维,就是孩子不满足于已有的表面现象,敢于并且善于打破砂锅问到底。

追问思维常用的问句是:

- 为什么?
- 如果……会怎样?
- 到底是什么?
- 还有其他吗?
- 还能用在哪里?

比如:

- 这道题必须这样做!——追问:为什么要这样做?如果不这样做会怎样?还有其他做法吗?
- 不是这样的!——追问:为什么不是?那到底是什么?
- 他错了!——追问:为什么错了?他难道真的没有一点道理吗?他有没有苦衷?

追问思维的方向可以无所不包,可以是正向认同,也可以是反向思考;可以是归纳总结,也可以是演绎发散;可以是横向多元,也可以是纵向深入。这种思维方法的运用,能帮助孩子在学习上更积极主动地去思考和探索,更全面地理解和巩固知识,最终做到举一反三,提高学习效率。

第十四章　解决力：没有机会，何谈解决！

> 妈妈，我不会！——妈妈，我试试看！
> 妈妈，我该怎么办？——妈妈，让我想想看！
> 爸爸帮我！——爸爸，我自己来！

这三组句子，你喜欢前一句还是后一句？你的孩子说得最多的是前一句还是后一句？其实，前后两种句式，代表的是孩子在"解决力"上的典型差异，也就是解决问题的能力。经常把前一句当口头禅的孩子，解决力很低，遇到问题没有信心、没有主见、没有担当，只会逃避。经常说出后一句的孩子，解决力则很高，遇到问题有信心、有主见、有担当，敢于迎难而上。

解决力有多重要？想想看，孩子的一生，绝不仅仅只有学习这件事。学习、生活、工作、恋爱、婚姻、家庭……大事小事，都有可能出现各种问题、面临各种困难，是迈过去继续前行，还是趴下去一蹶不振，考验的就是孩子的解决力。

在我看来，解决力包括勇气、责任、分析、决策、行动这五个最关键的要素。如何培养孩子这五种优秀的特质，提升孩子的解决力？只有一个关键词——机会。没有机会，何能解决！你要发自内心地相信孩子、敬畏孩子甚至"依赖"孩子，只有这样，你才会愿意处处给他机会。一旦有了机会，孩子的解决力自然就能得到锻炼和成长。具体来说，你要努力给孩子提供以下四种机会。

一、思考机会

面对孩子的提问和求助，你要谨记"教练"角色，尽量少回答多提问，或者先提问后回答，通过你的提问，去引导孩子思考，去激发孩子的深层智慧。比如：你觉得呢？你想怎么做？为什么？

幼儿经常问的问题是"这是什么呀？"你可以反问"你说这是什么呀？"以此来让孩子自己通过记忆或者观察说出答案。有时孩子由于认知局限说不出明确的答案，但也许能给出一个相对宽泛的类别答案。比如，孩子指着一朵花问这是什么。你可以反问他："你觉得这是什么呀？"孩子可能会说："这是一朵花。"你可以再追问是什么花，如果他答不上来，你才可以给出具体答案如玫瑰花。这么做的好处就是，孩子慢慢就理解了"花"这个概念。

再大点的孩子，会经常追问："为什么？"你可以反问："你觉得呢？"以此来促进孩子进行主动思考。

你还可以通过把一个大问题细分成若干个小问题，来启发孩子一点点去深入思考。比如你要提问孩子"你想怎么做？"可以将其细化为：你想什么时候开始行动？在什么地方？需要哪些资源（人力、物力、财力）？用什么方法？分几个步骤？总共需要多长时间？这个方法好在哪里？有什么风险或不足？

对孩子而言，对经由自己主动思考所得到的答案，会理解和记忆得更深刻。而且，这个主动思考的过程会给孩子带来更多的成就感，避免孩子形成"依赖型"心理，养成惰性思维的坏习惯。

除此之外，父母也要特别注意保护孩子的提问欲望。 你不能对孩子的提问随便敷衍，甚至不懂装懂、乱答一通；也不要充耳不闻、故意忽视，或者随便推辞，比如："忙着呢！等下再说！"更不能粗暴打断、批评训斥，比如："哪有那么多为什么！""你哪来这么多乱七八糟的问题，烦死了！"这些只会打击、破坏孩子的学习热情和思考精神，让孩子羞于提问，严重的甚至导致孩子性格、心理扭曲。实在抽不开身时，你不妨积极回应："宝贝，爸爸（妈妈）很高兴你能提出这么好的问题，不过我现在确实很忙，不能马上回答你的问题，过三十分钟我一定去找你好吗？"

二、决策机会

"我妈觉得这个工作不错、我妈觉得我应该结婚了、我妈觉得我应该生孩子"，这样的话是不是很耳熟？作为父母，你是否还在用"妈妈觉得你冷、妈妈觉得你饿"的模式对待你的孩子？常年生活在这种氛围之下的孩子，又怎么可能学会决策、发展出真正的解决力？

对孩子而言，决策机会其实是无处不在的。小到穿哪件衣服、吃什么菜、看哪本书，大到选择自己的兴趣爱好、购买自己喜欢的物品、结交自己喜欢的朋友，再到一些人生的关键决策如升学、择业、择偶等。

从女儿幼时开始，我的原则就是：能让女儿自己选择的，都让她选择；不能完全让她选择的，给她一个可选范围，或者至少也要先听听她的想法，积极引导，达成共识。比如出门要穿哪件外套、哪双鞋子，她自己选择；晚上读哪几本书，她自己去小书架上选择；去超市买菜，她可以选三种自己喜欢的菜；去买衣服，她可以选择自己喜欢的款式；吃饭喝水，她说好了就放下；上兴趣班，我负责提供各种机会并适当引导，但最终必须得她喜欢；遇到问题，我负责说清楚事实，她可以选择自己想要的解决方案。

有天晚上，吃晚饭时先生还没回家，我给他留了一块三文鱼在碟子里，不到四岁的女儿吃完自己的那份鱼后，眼巴巴地看着我说："妈妈，我还想吃三文鱼。"我说："妈妈知道你很喜欢吃三文鱼，三文鱼确实很好吃，妈妈也喜欢吃。不过你已经吃了一块了，爸爸还没吃，妈妈爱你，也爱爸爸，但是现在只有一块三文鱼了，所以妈妈很为难啊，你觉得妈妈应该怎么办呢？"她听完，看了看我，又看了看碟子里的鱼肉，眨了眨眼睛，不再继续提要吃鱼的事情了。我知道，她用沉默做出了一个放弃的选择，于是，我也配合地不再提及此事。

一个得到充分尊重和享有决策权的孩子，不光能更自信、更积极地做出决策，还能更理智地使用权力、更勇敢地承担责任。

三、行动机会

从吮吸第一口奶，到第一次抓握、第一次翻身、叫第一声"妈妈"、第一次爬行、第一次站立，孩子从出生开始，就在不断地用自己的身体去感知和探索这个世界，这是孩子生命的本能。前文提到的美国缅因州国家训练实验室的统计数据图表明，通过"实践"这一形式，学习内容平均留存率高达75%。

对孩子来说，最好的学习、最深刻的记忆，一定是来自于他自己的亲身实践，无论是成功的经验还是失败的教训，最终才能领悟出属于自己的独特的东西。所以，重要的不是你教了孩子什么，而是你让孩子经历了什么。帮助孩子修炼出自己独特的人生智慧，是家庭教育中最关键的价值所在。

实践意味着行动，行动就意味着可能受伤、可能失败、可能有风险。作为父母，你是否能淡定地接纳这一切？你想让孩子学会奔跑，就不能害怕他摔跤；你想让孩子学会独立写作业，就必须允许他可能写错；你想让孩子学会做饭，就不能害怕风险。只要不危及生命安全，摔个跟头、出点错误、受点小伤都是好事，下次他就有了经验和教训，就知道如何避免摔跤、少出差错、避免受伤了。总之，父母"懒一点、笨一点"，孩子才会能干一点、聪明一点。

除了放手让孩子去行动，你还可以努力为孩子创造更多行动的机会。比如孩子提出一个问题，你给了他思考机会，但如果他确实想不出来，没关系，你可以接着给他一个寻找答案的行动机会——查阅百科全书、上网搜索、去图书馆、请教相关的专家、做实验、做观察记录等，都是很不错的方式。再比如，让孩子组织一场生日聚会、策划一趟家庭旅游、组织一次社区活动等，都能让孩子大展拳脚，全方位锻炼和提升他的解决力。

四、担当机会

担当机会，就是要给孩子承担责任与后果的机会，尤其是承担不良后果的机会。"让子弹飞一会"，千万别一心软就急着给孩子善后。

比如，孩子因拖拉磨蹭导致上学迟到了，让他自己去面对批评和惩罚，甚至可以让他自己坐公交或者走路去上学；孩子冒犯了别人，让他自己去道歉和补偿；孩子自己点的饭菜，就算再难吃也要让他吃下去；孩子贪玩没能按计划完成作业，时间一到就收走不允许再写，第二天让他自己去面对老师的批评。这些都是在给孩子担当的机会，让孩子逐步明白，权利和责任是对等的，享受了权利，就得承担相应的责任。

当然，让孩子自己担当责任与后果，并不代表完全不帮孩子，你要做一个淡定的"事后诸葛亮"，启发和引导孩子总结经验和教训，常见的教练式提问是：

（1）这一次，还有什么能补救的吗？

（2）下一次再碰到这个问题你该怎么办？

（3）如何预防类似问题的再次发生？

掌握了以上这些原则，当你和孩子之间出现冲突时，你大可以将其当作一个问题来解决，不慌不忙地和孩子来一场理性沟通，最终让他心服口服。比如，孩子已经有了手机，还要让你买最新的手机，你就可以抛出这几个教练式问题：

（1）为什么要买？如果有正当的理由当然可以买，比如用来学习；但如果是用来打游戏，或者仅仅是因为别人买了，都不能算正当理由。

（2）买了之后怎么用？用来干吗，每天什么时候用，每次用多长时间，让孩子自己制订使用计划并做出承诺，一旦违约，立即收回。

（3）怎么买？已经有了手机且能正常使用，再买新的显然属于奢侈需求，如果一定要买，那孩子必须自己承担一部分花费。这样一来，你就可以接着给孩子提出新的问题：你有多少钱？怎么来的？不够的部分怎么办？多长时间可以攒够？

这样一来，思考机会、决策机会、行动机会、担当机会全都有了，孩子要么知难而退，要么努力争取。更重要的是，他会逐步懂得更理性地思考和提出要求，而不是动不动就找父母予取予求，孩子的解决力也就得到了真正的成长。

第十五章　创造力：没有自由，何来创造！

有位妈妈找我咨询，说自己孩子一天到晚除了睡觉其他时间都喜欢在外面玩，在家待不了半小时就要出去，很是烦人，大热天的在外面简直受罪。

其实，让大人头疼的所谓"野孩子"，他们的心声往往不过如此：爸爸妈妈，家里太小了，我想长大，我想看看外面的世界！而且，家里没什么好玩的东西，还这个不让碰、那个不让摸，玩什么都不方便，真没劲！我不想待在家里！

孩子爱玩，这是天性，就像一颗发芽的种子，蓬勃的生命力促使它必须要想尽一切办法突破最后那层土壤的封锁，要去拥抱阳光、空气、清风和鸟语花香，只有这样，它才能真正拔节、抽条、展叶、吐蕊、开花、结果，如果长期受到禁锢和限制，久而久之，这颗种子必将枯萎、死亡。

孩子也是一样，从出生那一刻开始，他们的生命活力就不断伸展和绽放，他们需要更广阔的空间和天地，所以，他们不喜欢被束缚在小小的家里，喜欢自由自在无拘无束，喜欢接触和探索大自然。天气的炎热与纯粹的快乐相比，自是微不足道的。

玩乐是孩子的天性，小时玩够了的孩子，大了自然就能安静下来、专注下来；玩得更够的孩子，通常也会更聪明、创造力更强。连玩乐自由都得不到满足的孩子，可想而知，他们的身体、心灵和思维都是被禁锢的，何来创造力？

所以，父母再也不要问如何培养孩子的创造力了，而要问自己是否扼杀了孩子的创造力。事实上，创造力这个东西，正常的孩子天生都有，只不过，作为父母，你有没有给这颗种子足够的自由，让它能得以生根发芽成长壮大？具体来说，你要努力给孩子以下四种自由。

一、空间自由

空间自由有两层含义，第一，让孩子可以自由选择自己所处的空间。比如是在家里待着还是出去玩，是在客厅待着还是去自己房间。第二，让孩子拥有自己独立的私人空间。父母要尽量给孩子一个独立的房间，实在条件有限，哪怕给他一个角落也行，这个小空间内他拥有绝对自主权，布局陈设等让他自己说了算。

除此之外，父母要特别注意，不要把孩子只关在家里和教室里。孩子为什么天生就喜欢小动物？因为他们首先是自然的孩子，然后才逐步发展成社会的孩子，自然性没发展好的孩子，连小动物之类都没有接触过、喜欢过的孩子，社会性往往也会受到影响。

我经常建议学校和父母要多给孩子创造回归自然、走进社会的机会，给孩子上再多的课、教再多的知识，也不如让孩子去大自然里撒欢跑上几圈，去闻闻青草的香味、听听小鸟的歌唱、看看绽放的花朵、摸摸湿润的泥土；不如让孩子去当一回义工和志愿者、看一场展览、听一场音乐会。这些身临其境的感受，才会真正触动孩子的心灵、融入孩子的骨血。因此，拓宽孩子的空间，就是在拓展孩子的格局。

二、时间自由

经常有很多父母找我吐槽，说孩子在写作业时不能一下子写完，中间总要做些别的事情，然后再写作业，这让他们无法忍受。还有一些父母纠结的是，孩子总要先看一会电视再写作业，而他们觉得应该先写作业再看电视。

其实，这样的父母往往弄错了事情的焦点。做作业最重要的是什么？显然应该是结果，即孩子最终是否完成了作业，什么时候完成的，质量如何；而不是过程，即孩子是否先看了电视，是否中间去干了别的事情。只要孩子最后完成作业的时间并没有耽误他上床睡觉以及其他重要的事情，作业的质量也挺高，没有什么差错，那么，孩子是一次写完，还是分几次写完，其实并没那么重要，不是吗？

但为什么很多父母总觉得孩子就应该一次性写完作业，而不能写写玩玩或者是干点别的呢？原因就在于，很多成人总觉得，凡事一次性集中做完才叫专注，这样才有效率。而那些不喜欢孩子先看电视再写作业的父母，则往往觉得写作业是正事，看电视是闲事，自然要先干正事再干闲事。

但问题是，你工作一段时间后是不是也会休息下？你工作一天回到家是不是也想先躺沙发上休息会？得不到适度休息和放松，再大的正事也没精力干好，成人尚且如此，更何况孩子？要知道，孩子的学习可不比你的工作轻松，甚至可能还要累得多。

每个人做事的习惯和节奏都有所不同，只有在按照自己最习惯最舒服的方式去做事时，效率才会更高。有的孩子习惯一气呵成写完作业，有的孩子就是习惯写写玩玩或者是干点别的什么让自己可以更放松更高效，这都不是什么原则性的大问题。

所以，给孩子时间自由，你只要把握好时间的底线，其他的就让他按照自己的习惯和节奏去安排吧，中间玩一会、躺一会甚至听会音乐等，都是可以的，善于自我调节的孩子效率才会更高。否则，孩子表面"注意力集中"，实则脑子根本转不动，岂不是更浪费时间？而且，这样适度的自由与宽松，反倒更能促进孩子自律的发展。

还有些父母，见不得孩子闲下来，一旦孩子发呆无聊啥也没干，就开始心慌、焦虑。在他们的眼里，孩子发呆无聊就代表浪费时间，一寸光阴一寸金、寸金难买寸光阴，时间如此紧迫，怎能允许浪费？多多少少学一点东西，总好过发呆无聊、无所事事吧？

月盈则亏，水满则溢，一个杯子要想装进更多新鲜的活水，就得先把里面的陈水给倒掉。国画的精髓之处亦在于留白，所谓"无中生有"，余味无穷。因此，适度地发呆无聊，恰恰是一种积极的"放空"。我们要给孩子成长的权利，但同样也要给他放空的权利。放空并不是停止成长，而是孩子在内心积攒安定的力量，为下一步更大的突破做好铺垫。

我小时候最喜欢放假，尤其是暑假，因为时间够长，我可以有足够的时间去"肆意挥霍"。那时候的我总是精力旺盛，从来不睡午觉，父母农活繁忙无暇顾及，我最喜欢做的事情，就是在夏日的午后，一个人倚坐在主屋后门的门槛上，静静地看风吹树叶、看蚂蚁搬家、听知了长鸣，光这样就能消磨半天的时间。

现在想来，我身上的某些特质，比如沉静思考、专注投入，大概都是在小时候一个个"浪费时间"的假期里熏陶出来的。直到现在，我也经常还是会一个人安静地发呆，什么也不想，发呆过后，感觉身体又重新充满了能量。

发呆，是照亮孩子内心的一缕阳光，当你把孩子的时间安排得滴水不漏，学习与教育见缝插针无处不在，孩子的心灵也会随之黑暗窒息。这样的孩子，时刻烦躁、时刻准备"造反"，就算表面上顺从，骨子里却逆反，总想着有一天逃离这样的状态。

没有在一起浪费过时间的情侣，不会懂得真正的爱情；没有浪费过时间的孩子，不会懂得时间的珍贵。

三、思想自由

思想的自由，是指个人的思想能够不受既成观念、思维方式和基本理念的束缚，而是以自我的、独立的眼光去观察、审视和验证，并在此基础上进行探索、发现。简单来说，思想自由意味着父母要允许孩子自由表达自己的情绪和观念、自由展现自己的情感。

但很多父母显然这一点做得并不好，常见的问题是：

- 孩子不需要说太多话、只需要"听话、乖"；
- 孩子说话要征得父母同意，让你说就说，让你不说就得马上停下，让你不哭就得马上闭嘴；
- 孩子说话不能乱说，要说"别人喜欢听的话"；
- 孩子说话不被聆听、不被理解、不被重视、不被相信，说了等于白说。

为什么孩子越来越没主见？为什么孩子越来越抗拒和父母交流？为什么孩子越来越不听话？原因大多和以上几种问题相关。归根到底，是父母没有给予孩子足够的思想自由。一个思想都不能自由的孩子，必定是刻板、沉闷、拘谨的，又谈何创造力？

所以，给孩子思想自由，就是要允许孩子自由地表达自己的情绪，无论是愤怒、悲伤等负面情绪，还是快乐、兴奋等正面情绪；就是要允许孩子自由地表达自己的观念，无论是对，还是错；就是要允许孩子自由地展现自己的情感，无论是喜欢，还是厌恶。鲜活灵动的思想，才是创造力最好的温床。

四、行动自由

"不行""不可以""不准这样""不能那样""你必须这样"，这样的话语是不是很耳熟？很多孩子就是在这样的话语环境下长大的。作为父母，你可能会想，我是爱他为他好，我怕他出问题、有危险。是的，很多父母就这样不知不觉以爱的名义捆住了孩子的手脚。

1. 要不要让孩子自由探索

最近几天宝宝老是爬上茶几，对于14个月的孩子来说，这样会不会太顽皮了点？好奇心会不会太重？我该不该制止呢？奶奶天天说他太顽皮、老爬桌子。

到底要不要让孩子自由探索？这是不少新手父母都会纠结的问题。14个月的宝宝开始喜欢往高处爬，他内在的感受往往是这样的："哇，原来在高处看和在地面上看的感觉是不一样的哦！我的毛绒小熊变小啦！太神奇了！我要再爬高一点，看看还会有什么不一样！"

想想看，如果你在尝试做一件自己非常感兴趣的事情时，你希望旁边人制止你吗？你可能会说，我知道了，不能随便制止，可是安全问题怎么办？

首先，提前布置好环境，提供一些必要的安全防护。比如给桌子角甚至桌子边都包上保护套、保护条，在桌子旁边铺上地毯，把周边容易碰倒孩子的东西挪开等。其次，大人要提供必要的看护和协助。孩子在往高处爬时，大人务必要站在一边密切关注，万一孩子摔倒能及时出手保护，同时可以教会孩子如何更安全合理地爬上桌子，比如先抬一条腿再抬另外一条腿之类。这样一来，不但有效地保护了孩子探索的积极性，而且还能帮助孩子尽早掌握科学的攀爬技巧，对孩子的运动和协调能力都会有很好的促进，同时还能让孩子体会到掌控自我的成就感。

等孩子熟练掌握攀爬的本领之后，父母可以从安全的角度加强引导。比如爬上去之后如何安全地下来，爬上桌子之后要学会保护自己，不能太靠近桌子边，否则可能会摔下来。

我女儿在学会爬桌子之后，不光喜欢在桌子上坐着，还经常要在桌子上走来走去，乍一看起来真的挺让人担心的。但我每次都会放手让她走，只是会事先提醒她，走到快靠近桌子边时一定要停下来，否则容易摔疼摔伤的。而我说完之后通常就不再说话，只是站在桌子边安静地注视着她。结果是，她不光没有摔下来过，而且每次走到桌子边，就算我不再提醒，她也会自己停下来。

所以，要相信孩子本身是有一定的危险辨识能力的，他们并不会像我们担心的那样轻易地弄伤自己。而小时候有过这样练习和体验的孩子，长大后一般也不容易得"恐高症"。

等孩子再大点，到了两岁左右，父母就可以进一步对孩子进行延伸教育。你可以开始尝试告诉孩子，什么时候是不能爬桌子的，比如吃饭时不能爬，因为会影响大家吃饭；在公共场合也不能爬，因为这样会让别人觉得不够礼貌等。

2. 能不能让孩子自由发挥

"你得这样画""这个积木不能这样拼""这事应该这样做"，这也是不少父母容易犯的错误，即放不下自己的成人标准和固有思维，受不了孩子自由发挥。

其实，条条大路通罗马，孩子缺的是经验，最不缺的是创意。时代变了，方法也要跟着变,父母所谓的正确方法、成功经验,过去可能管用,但在今天和未来是否还能继续管用,就很难说。而且,创新的来源之一就是对过去的推翻与打破,所以,不如允许孩子用自己的方式去行动,放手让他们去闯去折腾,往往会给我们带来意想不到的惊喜。

3. 敢不敢允许孩子搞破坏

女儿不到两岁时,有一天趁我开冰箱门偷偷拿走了一颗鸡蛋,等我听到她大声喊:"流出来啦!",鸡蛋已经在她的小手底下"光荣开花"了,鸡蛋清在餐桌上流了一大片。

我看了看她的表情,她一脸无辜地看着我,眼睛里还有点迷惑,显然,她并不明白为什么鸡蛋碰到桌子会流出东西来,因为以前她拿到的鸡蛋都是煮熟的,必须在桌子上磕破壳之后才能剥开吃。

于是我笑着问她:"是不是觉得很好玩啊!我们来摸摸鸡蛋里流出来的东西,看看是什么感觉吧!"我用手摸了把蛋清,还拍了拍,她见状也伸出小手抹了一把拍了几下,我问她:"怎么样?是不是感觉滑滑的、黏黏的?这是生的鸡蛋清。"她高兴地大喊:"好玩好玩!"然后用力拍打着桌上的蛋清。

等她玩够了,我带着她一起把桌子擦干净、洗手,收拾完毕才告诉她:"宝贝,你刚才拿的是个生鸡蛋,所以敲破蛋壳后里面的蛋清和蛋黄就会流出来。你平常吃的都是煮熟的鸡蛋,所以敲破蛋壳是不会有东西流出来的。下次你想要玩鸡蛋就告诉妈妈,让妈妈给你拿,陪你一起玩好吗?"她点点头,小眼睛亮亮的不再迷惑。

要发展孩子的创造力,就得允许孩子搞破坏,但很多父母恰恰无法忍受这一点。我曾经听到一个妈妈吐槽,说自家儿子破坏性特别强,拿到什么都要把它搞到坏为止,说什么都不听,讲什么道理都没用,刚拿到两个相框就把架子都折断了,愁人!

在成人眼里的破坏,在孩子眼里,只是好奇而已。对孩子而言,破坏就是创造的开始,所谓不破不立。他们正是用这种方式,在感知、体验、探索这个世界,在破坏中不断自我总结和成长。事实证明,那些小时候破坏力越强的孩子,通常也越聪明,越具有创造力。只要引导得当,是很有可能走出一条非同一般的成才之路的。

爱迪生小时候在库房里玩火导致火灾，鲁班小时候成天玩弄树枝、砖石和树根，搭了拆拆了搭。他们都曾经被人认为是没出息的顽劣孩子，幸运的是，他们都有一个慧眼识人的好妈妈，鼓励和支持儿子去做自己喜欢做的事，使他们最终从顽劣的熊孩子成长为大发明家和木匠祖师。

所以，破坏是孩子的事，监护是大人的事，不能把大人的监护不力归罪于孩子。对于实在重要的东西，父母要记得事先锁起来或者放到高处，别让孩子有机会碰到。其他小物件，如果不小心被孩子破坏了，就当给孩子上了堂手工课、科技课吧，不要太介怀。你甚至可以陪着孩子一起"破坏"，比如告诉他如何拆相框不会弄坏、拆后如何重新组装等。

第十六章　梦想力：没有梦想，何来成就！

一个周末的晚上，一位妈妈精心准备了一顿丰盛的晚餐，准备叫六岁的儿子吃饭。这时外面突然下起了大雨，这个孩子立即跑到外面疯玩起来，在雨地里打滚、嬉闹，刚穿上的新衣转眼间就沾满了泥巴。他边跳边开心地对妈妈说："妈妈，我要跳到月球上去。"妈妈只说了一句："好啊，只是你别忘了从月球上跳回来，回家吃晚饭！"

这个孩子就是阿姆斯特朗，第一个登上月球的人。当阿姆斯特朗从月球返回地球的那一刻，记者采访他："此时此刻你最想说的话是什么？"阿姆斯特朗回答："我想对妈妈说，我从月球上回来了，我想回家吃晚饭！"

阿姆斯特朗儿时的梦想变成了现实，与他有这样一位智慧的母亲是分不开的。这位母亲懂得尊重孩子，呵护孩子纯真而富于幻想的心。面对孩子弄脏的新衣服、听起来荒谬无稽的童言、可能会患上的感冒，她没有责怪、没有打击、没有絮叨，而是给了孩子温柔的认可与回应，给孩子天真的梦想插上了飞翔的翅膀，增添了无穷的希望。阿姆斯特朗在踏上月球那一刻说了举世闻名的一句话："一个人的一小步，却是人类的一大步。"在我看来，妈妈的一小步，却是孩子的一大步。

很多父母都希望自己的孩子能有所成就，但问题是，没有梦想，何来成就？梦想会促使孩子产生坚定的责任感、崇高的使命感，帮助孩子找到人生的意义，激发孩子一生的原动力。没有梦想的孩子，再高的智商与情商，再好的天赋和潜能，也注定只能被埋没殆尽。孩子提出梦想并且实现梦想的能力，就是梦想力。

一、如何激发孩子的梦想

梦想不会空穴来风，作为父母，首先要善于激发孩子的梦想，帮助孩子敢于、善于提出梦想。

1. 循循善诱，挖掘孩子梦想的深度

有位妈妈告诉我，自家小姑娘有天突然问她：天是怎么来的，世界又是怎么来的？这让她不知道如何回答。

的确，这些是很好的问题，妈妈答不上来，恰恰说明孩子提出的问题很有价值。要知道，提出问题比解决问题其实要难得多。

如果是你，你会怎么处理？我建议你要马上肯定孩子："哇，你提出的这个问题真的很棒！这和你平常善于学习、善于思考的好习惯是分不开的，妈妈很为你高兴！"

其实，答不上来也没关系，你可以和孩子一起去查找资料，每个领域都有比较权威的专家，或者是专业书籍和文献资料，每个说法你都可以和孩子一起去学习和探讨，对不同说法进行对比和评价。

最后，你可以告诉孩子，这些说法不一定就是真相和真理，如果他有兴趣，可以自己多去学习和研究这方面，这样就进一步深化了孩子的兴趣，激发了孩子的目标感和价值感，从对一个问题的好奇，提升到对整个天文、科技领域的兴趣上来。

平常碰到任何事情，你要多给孩子讲讲背后的知识与故事，讲讲为什么，循循善诱，这些都能更好地激发孩子主动追求的兴趣和欲望，挖掘孩子梦想的深度。

2. 开阔眼界，拓展孩子梦想的广度

一个记者在某山村碰见一个放羊娃，展开了如下对话：
——你放羊为了什么？
——卖钱。
——卖钱为了什么？
——娶媳妇。
——娶媳妇为了什么？
——生娃。
——生娃为了什么？
——放羊。

我们没有资格嘲笑放羊娃的生活，作为一个从未迈出过小山村的孩子，他的回答无比真实，但也值得我们深思——你和你孩子的人生，是否也有可能陷入同样的循环？

——你读书为了什么？
——上大学。

——上大学为了什么？

——找工作。

——找工作为了什么？

——买房。

——买房为了什么？

——娶媳妇。

——娶媳妇为了什么？

——生娃。

——生娃为了什么？

——读书。

没见过高山的孩子不会梦想攀登，没见过大海的孩子不会梦想远航，没见过蓝天的孩子不会梦想飞翔。如果你不想让孩子陷入放羊娃一般的人生循环，如果你想拓展孩子梦想的广度，就必须给他的梦想安上飞翔的翅膀，让孩子飞出"小山村"，让他看到山外有山、天外有天、人外有人。

梦想的翅膀是什么？读万卷书不如行万里路，行万里路不如阅人无数，阅人无数不如名师指路，阅读、旅行、交友，是孩子梦想的三对翅膀。腹有诗书、见多识广的孩子，自然会生发出更有格局和责任感的梦想。

关于带孩子旅行，有两种截然不同的观点：有的呼吁多带孩子旅行，有的认为孩子幼时不要带他旅行。在我看来，重要的不是要不要旅行，而是为什么旅行。如果你带孩子旅行只是为了拍照、为了赶路、为了攀比与炫耀，那当然不如不去；但如果你能把旅行当作一段亲子间亲密独处、共同体验和探索陌生人事物的美好时光，自然是益处多多。

至于有些人觉得孩子太小根本记不住，这就过于功利了。旅行是一场潜移默化的体验之旅，记不住不代表没有触动、没有留痕。就像我们早已记不住幼时躺在妈妈怀里喝奶的样子，但我们确信，正是那段亲密的时光，铺满了我们一生温暖的心之底色。

二、如何支持孩子的梦想

对孩子梦想最好的支持，首先是尊重与欣赏。作为父母，千万别用成人世界的世俗标准来衡量孩子的梦想是否远大，有些梦想可能与"成功、成就"没有关系，但它们与孩子的好奇心、创造力有关，与孩子内心的快乐和幸福有关。无论孩子的梦想多么稀奇古怪、荒谬不堪，无论孩子是想当总统、科学家，还是老师、医生，抑或是清洁工人，我们都要发自内心地尊重、欣赏而非随意评价，并且择其善者而引导之。允许孩子做梦，孩子才会生发出更多的梦。

我在一所幼儿园讲课时，有位妈妈问我：我孩子说她长大想当清洁工人，怎么办？ 看得出来，当时这位妈妈脸上满是焦急和担心，而这都是因为她预设了一个评价：清洁工人是"不够好"的职业。

如果我们放下评价，只用尊重和欣赏来处理这个问题，我们就可以首先认同孩子："清洁工人，听起来是个很不错的职业哦！"然后，记得继续扮演教练角色："为什么想当清洁工人呢？你对他们的工作了解多少？你现在能从清洁工人身上学习到什么？从哪里做起？"帮助孩子全面深入地认识和了解"清洁工人"这个工作的特点，让孩子体会和学习清洁工人身上的优点，并转化为当下生活和学习中的良好品行，比如责任、坚持、勤奋、吃苦耐劳，比如讲卫生、同理心、尊重别人的劳动成果。至于以后会怎样，那是以后的事情，也是孩子自己的事情，孩子长大了自然会有一个更全面理性的判断和选择，我们就不必杞人忧天了。

其次，父母要引导孩子将梦想转化为行动，落实为具体的学习与生活计划。比如，孩子想当飞行员，你可以这样扮演教练的角色："怎样才能当上飞行员？一个优秀的飞行员需要具备哪些条件？你现在已经具备了哪些条件、还差哪些？你怎么做才能弥补这些差距？"引导孩子去努力学好物理、数学、化学等相关学科，业余学习航空航天知识，研究飞机构造和原理，当然，还要锻炼好身体、提升勇气和胆量等。

最后，父母要努力锻炼和提升孩子的意志力。**梦想最终是否能实现，与孩子的毅力与恒心息息相关，通往梦想的道路上，从来都是"剩者为王"。**

阿姆斯特朗从小喜爱飞机和飞行，14岁接受飞行训练，16岁获得飞行员证书，32岁加入美国航天计划，39岁乘坐"阿波罗11号"宇宙飞船在月球着陆。司马迁10岁学习古文，立志写史，20岁纵游天下寻找历史，38岁任太史令，42岁开始编写《史记》，55岁才成稿。

你可以鼓励孩子常年坚持至少一项兴趣爱好，比如钢琴、跑步、篮球等，给孩子做一个成长档案，记下他在不同阶段取得的成绩与收获，让孩子可以随时看到坚持的成果，进而强化他的意志，持之以恒，这会非常有助于孩子将来梦想的实现。

第五篇

学会幸福：
给孩子一颗强大的心！

导　言　孩子，岁月很长，不必慌张！

亲爱的宝贝：

我是妈妈。

当你学会了生存、学会了做人、学会了做事，你的人生应该可以走得比较稳当了，最后，我希望你学会幸福。

幸福是什么？

对妈妈来说，幼时，幸福就是每逢过年前，你姥爷从外地打工回家时，带回来的一包花花绿绿的水果糖，你姥姥亲自用缝纫机缝制的一套新衣服，你太姥姥一针一线亲手做出的一双棉鞋；上师范时，幸福就是每月回家时，你姥姥端出的一碗飘着一大坨猪油的双荷包蛋，你姥爷准备好让我带回学校的半布袋加了黄豆和花生的干米粉；工作后，幸福就是每个月领到薪水后，留下一小份，把剩下的一大份亲手汇给老家的你姥姥姥爷；再后来，幸福就是通过自己的努力，实现了一个又一个工作、生活的梦想；而现在，幸福就是和你爸爸一起，看着你一天天快乐成长。

说了这么多，幸福到底是什么呢？专业地说，幸福是一种持续时间较长的对现有生活的满足感，并希望保持现有状态的稳定心情。幸福的关键是要满足、知足，而每个人满足、知足的标准是不同的，就像爸爸要吃两碗饭才会满足、妈妈吃一碗就够了，所以，幸福其实只是一种主观感受，你的幸福，在你自己手里和心里。

宝贝，和妈妈一样，你一生会经历和体验各种不同的幸福：吃饱喝足睡好觉的幸福，这是生理的幸福；学习奋斗拼搏的幸福，这是成长的幸福；知足平和安宁的幸福，这是灵魂的幸福。每一种幸福都是好的，它们会组成你完整丰盛的人生。不过，你慢慢就会发现，有些幸福来去匆匆，比如生理的幸福；有些幸福愈久弥香，比如成长的幸福、灵魂的幸福。无论如何，不要只沉迷在某一种幸福之中，否则再好的味道，久了也会腻。

宝贝，感谢你选择做我的孩子，结下我们这一世的母女情缘。这一路，你不是我的唯一，我也不是你的唯一，但我们永远都是彼此最珍贵的人。这一路，你有你追求的幸福，我有我追求的幸福，但我深信，只有我自己幸福了，才能带给你更好的幸福。这一路，我的身体会离你越来越远，直到有一天我消失不见，但我的心会永远和你在一起。

有一天，当你独自奔向远方，我想把千言万语化为这一句："孩子，任何时候都要记得：岁月很长，不必慌张！"是的，不慌张的人，必定拥有一颗强大的心，得以披荆斩棘，找到人生真正的幸福。孩子，你可以不成功，但你一定要幸福。只要你觉得幸福，在爸爸妈妈心里，你就是成功的。

不慌张的人是什么样子的？妈妈以为，这四个关键词最为紧要：平和、自信、乐观、情趣。

平和，意味着你要尽量不急、不怒，管理好自己的情绪。一个连情绪都管理不好的人，很难想象他能管理好一个如此复杂的人生。

宝贝，别急。每个人的一生都有一张幸福"八卦图"，它包括事业、财物、家庭、兴趣、社会、精神、身体、智慧这八大项内容，我们一生都在围绕这八样东西而努力，它们从不同角度、不同程度给我们带来不同的幸福感。在不同的人生阶段去重点追求不同的幸福，到最后其实八个部分我们都能逐一拥有。问题是，很多人一生都在着急，孩童时，本该玩，却在拼命学习；青年时，本该学，却在拼命玩；中年时，本该顾家，却在拼命；老年时，本该颐养，却在操心。他们就这样硬生生把日子给过反了、过错了。所以，事缓则圆，顺其自然，你的人生自有你独特的节奏。

宝贝，别怒。总会有些人、有些事让你不舒服，这很正常，因为别人与你不同。但这个气生还是不生，选择权在你。愤怒就像一根点燃的导火线，你可以选择被它引爆，你也可以选择避开它，当然，如果你有足够的智慧和能量，你还可以选择巧妙地扑灭它。总之，生气是最愚蠢的，那是拿外面的人事物惩罚自己。千万别把情绪的钥匙交到别人手里，让别人操控你的情绪，无论是你的爱人、孩子、领导、朋友还是陌生人等，都不可以。你的情绪应该由你做主，平和是你的选择，愤怒也是你的选择。

自信，是对自身力量的确信，深信自己一定能做成某事，实现既定目标。对女人而言，无论处在哪个年龄，自信都是最好的化妆品，尽管岁月会给你增添皱纹，但自信却会闪亮你的眼睛与灵魂。你爸爸曾说，他看女人，首先是看眼睛里是否有光。这个光，其实就是自信之光、智慧之光。宝贝，无论将来你长成怎样、从事什么、成就几何，你永远都是爸爸妈妈心中那颗最闪亮的星星。如果生活不如你意，那一定不是因为你不好，只是因为你还需要时间。

乐观和自信有什么区别呢？从本质上来说，它们都是积极的，只不过，自信是对自己，乐观是对外界。乐观是根拐杖，它能陪你撑过那些艰难的时候：黑夜来了，不慌，当黎明到来，太阳总会照常升起；困难来了，不慌，只要开动脑筋，办法总比困难多；压力来了，不慌，全力以赴，压力就能转化成动力；失败来了，不慌，胜败乃兵家常事，总结教训总能扳回一局。总之宝贝，别杞人忧天，逢山过山遇水寻桥，兵来将挡水来土掩，岁月长着呢，不到最后，谁能知道会怎样？留得青山在，不怕没柴烧，千万别慌了手脚、自乱阵脚。

宝贝，妈妈希望你不要马马虎虎凑合着过一生，所以，你要有点情趣。你的兴趣、爱好、品位等，都是你的情趣。妈妈以为，情趣最大的意义莫过于两点，一是陪伴自己，二是结伴他人。一辈子很长，加点情趣，就像给平淡的日子加点调料，日子自然就多了一份生动与充实，少了一份无聊与孤独。有情趣的人更懂得爱自己，受伤的日子可以自我疗愈，孤寂的日子可以自娱自乐。有情趣的人不容易孤单，因为志趣相投的朋友总会一见如故、再见倾心。有情趣的人是幸福的，宝贝，呵护好你的情趣，不要让生活的洪流淹没它、冲垮它。

宝贝，岁月很长，你有足够的时间去体验、去努力。但，如果有一天你用尽全力却依然无能为力，你也不必慌张，记住这句谚语吧：上帝为每只笨鸟都准备了一根矮树枝。无论你能飞上哪根树枝，只要你能勇敢地放声歌唱，你就是最美丽、最幸福的天使。

永远爱你的妈妈
2017年11月9日

第十七章　平和：管理情绪，是管理人生的开始！

"孩子动不动就扔东西，脾气大得很，我该怎么办？"

"孩子老是打人，我该怎么做呢？"

"如果不满足孩子需求，他就发脾气哭闹甚至威胁我们，实在拿他没办法了！"

"孩子不开心有委屈，可问他又不说，只知道哭，急死我了！"

"孩子有什么心事从来不和我们说，动不动就把自己一个人锁房间里，敲门也不开、问话也不应，这可怎么办？"

我经常接到这类咨询，这些现象和问题，其实都与孩子的情绪管理能力息息相关。不过，我发现大多数父母总是更容易关注和担心那些情绪表现比较明显的孩子，比如哭闹、打人、摔东西的，而那些总是很乖很安静、不哭也不闹的孩子，往往容易被父母忽略。在我看来，后面这类孩子反倒更值得关注。但凡孩子能表现出来的情绪，无论哪种形式，至少都是一种表达和发泄，而那些没表现出来的孩子，很有可能只是在压抑自己的情绪而已，时间一长，所积累的消极情绪超出了孩子的承受极限，孩子就很容易崩溃，出现更严重的身心问题。

所以，父母千万不要以为只有脾气暴躁、容易生气的孩子才需要管理情绪，事实上，除了生气与愤怒，消沉、失望、难过、痛苦、嫉妒、仇恨、恐惧等都是需要管理的消极情绪，这些情绪，在任何性格的孩子身上都有可能出现。管不好情绪，就管不好人生。情绪管理，是每个孩子的人生必修课，也是他们管理人生的基本功。

一、父母必知的三个情绪常识

如果父母自身情绪起伏不定，对孩子忽冷忽热，孩子每天像坐过山车，久而久之，再健康的孩子也会变得情绪脆弱、神经质，自然更谈不上淡定平和了。如果孩子发脾气打人时，父母被他激怒进而也开始发脾气、骂孩子、打孩子，那只会进一步强化孩子的坏脾气和骂人打人的不良行为，导致事情比父母不出面、不处理更糟糕。所以，孩子的情绪管理能力，首先来自于父母自身稳定的情绪状态和良好的情绪管理能力。

其次，父母要消除偏见，毫无芥蒂地接纳孩子的任何情绪表现，无论是积极情绪，还是消极情绪。很多人总觉得积极情绪才是好的，比如快乐、高兴、喜悦等，消极情绪就是不好的，比如愤怒、痛苦、恐惧等，这是绝对错误的。就像我们吃饭必须五味俱全，情绪也一样，不同的情绪都是不同的心理营养，最终都会成为孩子身心成长与成熟的养分。很多父母无法接受孩子的消极情绪，孩子一哭就大加训斥或者烦躁不安，甚至苛求孩子立即停止："不准哭！不准生气！不要难过！不要害怕！"恨不得孩子身上有个按钮，一摁按钮孩子就会马上闭嘴、恢复平静，这是非常不人道的。但凡被压抑的，总是要爆发的，只是时间早晚而已。

最后，父母必须允许孩子正常地表达他的情绪，给他足够的时间去调整和平复自己的情绪，必要的时候适当辅导和协助孩子，最终帮助孩子学会正确的自我情绪管理。

什么时候是必要的时候？正常的情绪像浪花一样会起伏波动，来了自然会走。所以，面对小情绪、小问题，只要孩子表现得不是很剧烈和严重，父母大可以先静观其变，给孩子自己消化和处理的时间，尤其孩子越大，越需要给他更多机会去自己面对和处理情绪，而不是一有点风吹草动就惊慌失措。有时候，孩子自己待一会、哭一会、睡一觉，情绪自然就过去了。如果孩子的消极情绪来得异常猛烈，甚至伴随一些不良行为，或者来了之后一直不走，几天甚至更长时间都沉浸其中无法自拔，那父母就需要协助孩子了。

二、孩子消极情绪管理的四大步骤

具体来说，父母可以按照这四个步骤来帮助孩子管理他的消极情绪：

- 接纳孩子的情绪——我看到你啦！
- 疏导孩子的情绪——负能量快出来！
- 帮助孩子内省情绪——练就慧眼看情绪！
- 帮助孩子解决情绪——赶走情绪小怪兽！

步骤一：接纳孩子的情绪——我看到你啦！

在接纳环节，父母需要重点思考和处理4个问题。

（1）如何发现孩子的情绪？

通常你可以从语言、表情、姿态、行为四个角度来观察和感受，发现孩子某些地方突然表现得和平常不太一样时，就可以据此推断他的情绪状态。

比如，语言："气死我了！烦死了！"；表情：愁眉苦脸、脸蛋涨得通红；姿态：

以前回家都是昂首挺胸兴冲冲进门，但今天是耷拉着脑袋一步一挪进门；行为：沉默、关在屋里、趴在桌子上、倒在床上蒙住头等。

（2）如何确认孩子的情绪？

你怎么知道自己所觉察到的是对还是错？这就需要和孩子好好沟通。你可以向孩子描述你所看到和感受到的，并寻求他的确认，有两种沟通的问句句式可以选择。

- **开放式**："我注意到/看到/发现你今天和平常不太一样，你怎么啦？""怎么啦"就是一个典型的开放式提问。
- **封闭式**："我注意到/看到/发现你把书包摔在床上了，你有点不高兴，对吗？""对吗"是一个典型的封闭式提问。

注意，如果你的封闭式提问，得到的是孩子的否定回答如"不对"，记得赶紧改用开放式继续提问，如"如果不是不高兴，那你为什么会这样呢？"

（3）如何共情孩子的情绪？

在确认情绪的环节中，你要充分发挥你的同理心，尽量与孩子保持积极沟通。

首先，积极倾听，不要打断孩子，也不要评价他。

其次，及时回应，不要沉默不语，你可以用一些简短的语气词和句子及时回应孩子的倾诉，比如"嗯，明白，我理解"，让孩子知道你一直在认真聆听。

接下来，淡定接纳，你可以用一些句子来充分表达你的共情，比如"不着急，慢慢说；那一定让你很生气；如果是我，我也会难过的"。

最后，不妨适当吐露自我，比如"妈妈小时候也有点怕黑，不敢出门，长大后就敢和朋友一起出去，后来一个人出去也没问题。"这会让孩子觉得自己的消极情绪是正常的、暂时的，从而对将来抱以期望。

如果这个过程你做得很棒，孩子的情绪自然就会有所缓和。

一天晚上临睡觉时，女儿发现自己的小枕头换了枕套，从以前的小动物图案变成了蓝色的桃心图案，她立马不乐意，带着哭腔说："我不喜欢这个桃心枕头！"我说："哦，妈妈知道你喜欢原来的那个小动物枕套对不对？妈妈也很喜欢那个！可是那个有点脏啦，妈妈已经拿去洗了，所以今天只能用这个桃心的啦！"她一听情绪更激烈了："我不要！就不要！"我说："哦，既然你这么不喜欢这个桃心枕套，那怎么办呢？要不，我们把它扔了？"她一听我说要扔了，一下就转变了态度，改口说："不行！"我说："为什么不行？你不是不喜欢吗？不喜欢就扔了呗！"

她急着解释："不能扔！扔了我就没有枕头睡觉了！"我说："那好吧，先不扔了，看来你今天晚上只能先用这个枕套啦！"她没再继续哭闹，自己乖乖地爬上了小床躺下。第二天晚上，她也没再要求我必须改用小动物枕套。

这其中的秘密，其实就是同理心。当你看到孩子、感受到孩子的消极情绪，并且和她同频共振，她的情绪自然就能更快地恢复平静，进而恢复理智。

（4）如何制止孩子因情绪导致的不良行为？

有些孩子在处于消极情绪时，可能会因情绪激动而引发一些发泄性的不良行为，比如打人、摔东西、躺地上不起来、在地上打滚，甚至打自己、用手和脑袋砸墙等自残行为。一旦孩子出现这些行为，你必须马上加以合理制止，否则，孩子慢慢就会养成不合理的情绪发泄和表达习惯，影响自己也影响他人。

你可以按照以下三个步骤来处理。

- 控制。立即上前控制住孩子，避免继续造成更大的影响或者伤害。控制的同时可以温柔安抚孩子，让他知道你理解他的情绪发泄，但担心他的行为。比如："我知道你很生气，但你这样做是不合适的，我担心你会受伤。不管怎样，我永远爱你！"

- 隔离。尽快把孩子带到相对更私密更能让孩子放松的环境中。如果在家里，沙发、床上是不错的选择；如果是在公共场合，可以带到相对僻静的墙角、楼梯间等地方。一方面是避免影响他人，另一方面也是保护孩子隐私，更好地帮助孩子放松下来。

- 拥抱。紧紧地抱住孩子，控制住他的身体不要让他继续不良行为，同时继续用语言安抚、帮助他放松，一方面简单解释，另一方面强调你对他的爱和接纳。比如："我知道你很难过，但我们出门之前已经说好今天不买玩具的。不管怎样，妈妈会一直陪着你，妈妈永远爱你！"父母温暖的怀抱，永远是孩子最好的情绪缓和空间，你的接纳、你的理解、你的爱意，都会通过这样的拥抱持续不断地一点点传递给孩子，最终让他更容易放松、缓和下来。

当然，这样的制止在大多数时候并不会立马见效，你需要足够的耐心去坚持到底，这就是所谓"温柔的坚持"。你可能需要一直抱着孩子，并且不断地在他耳边温柔地重复前面那些关于理解、解释和爱的语言。

曾经有个妈妈在听完我的课程之后就碰到了类似的问题，为了睡觉前不让孩子吃巧克力，她坚持了一个小时，一直紧紧地抱着儿子耐心安抚，四岁的儿子在她身上扭打了半个小时又哭泣了半个小时，最终才安静下来，最后对她说："妈妈，谢谢你刚才一直陪着我，我爱你。"她当即落下泪来。从那以后，孩子再没有要求在睡觉前吃巧克力。这就是温柔坚持的力量。

步骤二：疏导孩子的情绪——负能量快出来！

父母必须教会孩子一些简单可行的方法，帮助他把负能量疏导出来，而不是一味地要求孩子不要哭、不要怕、不要难过。否则，强行压制下去的情绪负能量，就会储存在孩子的身体里，进而攻击孩子的身体，甚至转化成疾病。

对于孩子而言，深呼吸之类的办法可能一开始会比较有难度，所以，我推荐这几种更简单直接的方法。

- 哭。告诉孩子："如果你真的很难过，那就痛痛快快地哭出来吧，哭完会舒服很多的。没关系，妈妈陪着你。"
- 运动。带孩子出去运动一下，跑几圈或者打打球等，只要能快速发热出汗的运动都可以。剧烈运动所带来的血液循环加速以及排汗，都会有助于消极情绪的快速排解。
- 发泄枕。让孩子挑选一个柔软的抱枕，告诉他这是他专用的发泄枕，他有消极情绪时可以拿这个枕头去狠狠地拍打或者砸墙来发泄，还可以边发泄边喊叫，大声喊出他的心里话。
- 发泄墙/板。在家里准备一面发泄墙或者一块发泄板，配上各种颜色的笔，让孩子可以随时根据自己的心情，用不同颜色的笔画出不同的内容来表达和宣泄他的情绪。尤其是对性格比较内敛的孩子，这种方式更容易被他们接受。比如他生气时，可能会用红笔画出一堆凌乱刺目的线条；他难过时，画出的可能就是一堆黑色的内容。

除此之外，对于低龄的孩子，你也可以和他一起阅读一些相关的情绪绘本并且实践，比如《生气汤》，对着一锅烧开的汤做鬼脸大喊大叫来发泄，比如《杰瑞的冷静太空》，在某个角落和孩子一起布置出一个属于自己的冷静太空。

总之，无论用什么方式来发泄，你要告诉孩子必须遵循"两不"原则：不伤财产，不伤身体，既包括自己的也包括别人的。所以，发泄情绪时，不可以破坏公共财产，也不可以损坏家里的、别人的物品；不可以打骂别人，也不可以伤害自己。

如果孩子属于比较内敛含蓄、不愿意主动发泄情绪的，你也可以询问孩子："你希望我怎么做才能让你感觉更舒服一点？"孩子的要求可能会是一个长长的温暖的拥抱、一段沉默无声的陪伴、一次舒缓的按摩，或者什么都不用做，让他自己安静地待会就好。无论怎样，拿出你足够的耐心和爱心，给点时间，孩子的情绪自会慢慢平静下来。

总之，**当孩子产生消极情绪时，你必须遵循这个基本原则：先处理心情，再处理事情！先平息情绪，再解决问题！**

步骤三：帮助孩子内省情绪——练就慧眼看情绪！

等孩子情绪平复之后，父母就可以引导孩子自我反省，换位思考，找出情绪问题产生的真正原因，而不是一碰到问题就将责任推卸给外部的人和事。父母要启动"教练"角色，和孩子深度探讨以下三个问题。

（1）你为什么会产生这个情绪？真正的原因是什么？

引导孩子将情绪产生的原因梳理和表达出来，帮助孩子学会觉察并且积极面对自己的情绪。

（2）情绪能解决问题吗？

比如：玩具被同学不小心弄坏了，你觉得很生气，但是很显然，你打人还是没办法让玩具恢复原状。

（3）换一个角度想想，你还会产生这个情绪吗？

首先，这件事情真的没有好的一面吗？凡事有正反两面，比如这次考试虽然你没考好，但至少让你知道可以继续在哪些方面努力，这也是一件好事，不是吗？

其次，对方为什么会这样？有没有道理或苦衷？比如对方正在气头上，你不小心惹到了他，他很有可能就会迁怒于你，对你不客气，这就属于没道理但是有苦衷。对于苦衷，要引导孩子学会适当理解和包容。

最后，你自己是不是也存在问题？引导孩子客观地评价自己的言行，找到自己合理的一面，也要反思自己不足的一面、做得不好的一面，无论是有意的，还是无意的。

步骤四：帮助孩子解决情绪——赶走情绪小怪兽！

有情绪不可怕，可怕的是每次都陷入同样的情绪漩涡。父母要让孩子学会从每一次的情绪问题中汲取经验和教训，吃一堑长一智，尽量避免在同一个地方摔倒两次，甚至预防这类问题的再次发生，孩子自然也就不会再轻易受到同样的情绪困扰了。

具体来说，父母可以启动"教练"角色，和孩子探讨以下三个问题。

（1）这一次，还有什么能补救的吗？

（2）下一次碰到同样的情况该如何处理？

（3）怎样避免同样的问题再次发生？

注意，已经无法补救的事情，父母就不用再问第一个问题了。

三、孩子消极情绪管理案例实践

下面是一位妈妈反馈给我的案例，我们可以通过这一案例一起梳理帮助孩子进行消极情绪管理的四个步骤。

我带儿子去游乐场玩，那里有很多小朋友都在一起玩，我一边看着他一边和朋友聊天，这时，有位妈妈一边用力往下拽着正在往上爬的我儿子一边大声叫着："你这样会被哥哥踩到的！"我当时傻了，我儿子一脸委屈样，眼神很无助，我直勾勾地望着那位妈妈，结果没等我开口，她就拉着她孩子走了。

之后我发现儿子不敢玩了，旁边认识的小伙伴拉住他的手说我们一起玩吧，可他还是不肯玩。后来我们回家了，一路上儿子都没怎么说话。一直到吃晚饭时，我发现他还在闷闷不乐。

步骤一：接纳

（1）如果你是这位妈妈，你会觉察到小男孩的哪些情绪和感受？

一个小孩，玩得开心时突然被一个陌生人强行拽下来，还警告他这样会被别人踩到，内心是不是会产生很多情绪？比如惊吓，被陌生人吓到，被警告的可能出现的坏结果吓到；比如委屈生气，凭什么来拽我，而不是拽你自己的儿子，又不是我踩到他！比如难过甚至失望，为什么别人的妈妈会来帮他，而我的妈妈却在我明明很无助的时候一声不吭也不上来帮忙？

（2）你该如何确认孩子的情绪？如何运用开放式和封闭式问句沟通？

你可以温柔地抱住孩子，描述自己所看到和感受到的。开放式的问法："妈妈发现你一直闷闷不乐，你怎么啦？"封闭式的问法："那个阿姨把你拽开，你很不开心，对吗？"如果孩子确认了，你可以接着问他："对于这件事情，你还有些什么感受？"引导孩子说出他的感受和情绪，无论是对阿姨、小哥哥，还是对妈妈。如果孩子还不能很好地表达自己的情绪，你也可以帮他描述出来让他加以确认，比如："阿姨突然拽住你，是不是把你吓到了？阿姨没有拽小哥哥而是拽住了你，是不是让你很委屈生气？妈妈没有及时上去帮你，是不是让你觉得很难过甚至失望？"

步骤二：疏导

根据你对孩子的了解帮助他选择合适的情绪发泄与疏导方式，比如哭出来、喊出来等，或者问问他希望怎么做，希望你怎么安慰他。

步骤三：内省

等孩子情绪平静下来，你可以引导孩子这样思考：

（1）一直闷闷不乐能解决问题吗？——不能，而且老憋在心里会让自己很难受，睡不好吃不香，影响健康。同时，妈妈也会很担心我的。

（2）阿姨这么做有没有道理？——其实阿姨应该是没有恶意的，她也是怕我被那个大哥哥踩到，为了保护我才会把我拽开。

（3）妈妈有没有苦衷？——妈妈也被吓到了，没有反应过来，不是故意不保护我的。

（4）我自己有没有问题？——我是不是光顾着玩，没注意到前面的小哥哥？

步骤四：解决

因为对方已经离开现场，而且也不认识对方，所以这件事情已经来不及补救了。但你可以引导孩子思考这两个问题。

（1）下次碰到这种情况应该怎么处理？

引导孩子明白：与其生气，不如主动对阿姨表达自己的想法。比如，他可以对阿姨说："谢谢您的提醒，我会小心的，您不用再拽我啦！"同时拉开阿姨的手，自己退后一点或者离开，而不是一直愣愣地被阿姨拽下来。闷闷不乐只会让自己更不开心，他可以对妈妈直接说出自己的感受和希望，比如："妈妈，别的阿姨来拽我时你都不上来帮我，这让我很失望、很难过，我希望下次你可以多关注我，及时保护我。"

（2）怎么避免这种情况再次发生？

引导孩子意识到：如果自己采取一些更积极的措施，这种情况也许就不会发生了。比如，他可以在和小朋友一起玩时先看清楚情况，不在别人后面跟得太近或者挨得太紧，保持一定的距离，这样就不容易被踩到或者挤到，也就不会有其他大人来介入拉扯他了。当然，究竟保持多远的距离合适，你要根据不同的活动项目给孩子定出具体的标准，这样孩子才会知道具体怎么执行。

第十八章　自信：五大步骤，养出自信满满的孩子！

2013年4月，研究生黄某遭他人投毒后死亡，犯罪嫌疑人林某某是受害人黄某的室友，因琐事怀恨在心而恶意报复。2015年12月，林某某因故意杀人罪被依法执行死刑。

林某某过往学业表现优异，高考时以高分考入某重点大学，后因成绩优异被推荐免试进入某重点大学医学院攻读研究生，并在学生会担任干部，获得奖学金。在研究生期间，林某某还发表过多篇学术论文。

林某某投毒，内心是有愤怒和不满的。这些情绪从何而来？犯罪心理学专家宋晓明认为：这与他嫉妒、自卑、敏感、脆弱的性格缺陷及处理人际关系及情绪调节能力低有关。具有这些不良因素的人在生活中容易遭遇挫折，而挫折往往使他产生愤怒、怨恨、敌视等消极情绪体验，并长时间难以排除。当积累到一定程度时，如果受到一点哪怕很小的事情的刺激，他就会情绪发作，导致行为失控而作案，伤害被害人。[1]

林某某事件，很容易让人想起多年前的"马加爵事件"。从起因看，两人犯罪都是由现实生活中的琐事引起的，不良情绪长期累积而导致他们行为失控。从成长背景看，两人也很相似，学业不错，但都在性格上有明显缺陷，如内向、自卑、敏感、偏执、情感匮乏、人际交往能力低等。

每一个坏孩子，都曾经是受害者。他们是可恨之人，却也是可怜之人。自卑感强的人往往很敏感、脆弱，生活中更容易感受到不公平，容易受到伤害，以致陷入消极情绪的恶性循环，难以自拔。因此，从小培养孩子的自信，是非常重要的。

那么，孩子的自信从哪里来？

一、和谐稳定的家庭环境

很多父母都知道安全感这个词，自信是安全感这块土壤上开出的生命之花，没

---

[1]《心理学专家剖析林森浩犯罪深层原因：他的愤怒从何而来》，载《广州日报》，2014-02-20。

有安全感的孩子，是谈不上自信的。但很多人都误解了安全感的来源，以为只要多陪伴，孩子的安全感就不会出问题。

事实上，孩子安全感的首要来源，是和谐、稳定的家庭环境，要让孩子找到对家人尤其是父母的归属感。具体来说，这其中包含两层关系，一是夫妻关系，二是其他家庭成员及抚养人关系。

如果父母感情不和，冷漠、冷战甚至经常吵架冲突，孩子就如同惊弓之鸟，时刻担惊受怕，害怕父母的战争波及自己，更害怕父母因此而遗弃自己，又哪来安全可言？久而久之，孩子就会认为自己的出生是不受欢迎的，甚至认为父母的矛盾也是因自己而起的——"一切都是我的错"。这种深刻的自我否定一旦进入孩子的潜意识，无异于摧毁了孩子整个生命的土壤根基。

所以，在一个健康的家庭关系中，夫妻之间的感情是最重要的，夫妻关系远比亲子关系更重要。父母给孩子最好的爱，莫过于让孩子在爱中出生、在爱中长大，让孩子充分感受到自己就是爸爸妈妈爱的结晶与传承，自己是值得被爱的。

新手父母最容易出现的疏忽是：孩子来了，另一半却丢了。错误地把亲子关系放在第一位，全身心扑在孩子身上，把另一半当隐形人，没有沟通、没有关心更没有独处空间，尤其是很多妈妈，从此我的眼里只有你——亲爱的孩子。这样的结果往往是，孩子成为婚姻的"第三者"，夫妻双方渐行渐远，最终反过来影响孩子的安全感。

我和先生有个习惯，每天我们看到有价值的文章，都会通过微信转发给对方，然后一天当中会尽量抽出点时间，围绕这篇文章，交流一下彼此的看法。每天晚上在孩子睡着之后，我们也会彼此交流一下今天的经历和感受。如果一天没有这样一小段彼此交流的时间，我甚至会觉得心里空空的，就像一天下来总觉得还有什么事情没完成似的。这个习惯让我们无论再忙，也能及时了解对方的想法，彼此之间更了解、更信任。

最令孩子痛苦的，是父母其中一方否定另一方、排斥另一方，那就像自己内在的一半否定另一半一样，结果必然造成孩子心理上的分裂。在夫妻关系不和的家庭中，父母常常相互敌视，总希望把孩子拉入自己的"阵营"中来，于是就经常在孩子面前贬低另一半，这是非常危险的行为。

"你爸爸太没上进心了，就知道打游戏！""你妈妈就知道乱花钱，你以后不要像她一样！"经常听到类似抱怨的孩子长大后很可能就会出现不上进、打游戏、乱花钱这类行为。为什么？因为孩子天生就有和父母建立联结的强烈需要，这是一种归属感。如果有关父母的信息全是负面信息，他当然只能跟这些信息联结，做出相同的行为来满足与父母联结的归属感了。

孩子的感觉无比敏锐，就算父母没表达出这类抱怨，只要心中有这些信息，就一定会无意识地显露出来，而孩子一定会感受得到。

一个爸爸对孩子最好的爱，就是好好疼爱孩子的妈妈；一个妈妈对孩子最好的爱，就是欣赏并推崇孩子的爸爸。作为父母，你要提供更多正面的信息来满足孩子联结父母的心理需求。比如："你和你爸爸一样勇敢！""你跟你妈妈一样温柔！"不光只是称赞孩子，重点是要称赞孩子"像爸爸""像妈妈"的地方，透过这种方式，孩子会朝好的信息方向与爸爸妈妈联结，心中对父母归属感的渴望也会得到满足。这种归属感一旦得到满足，安全感自然也就油然而生。

除了夫妻关系的和谐，其他家庭成员的关系也务必要和谐。而且，在孩子三岁甚至六岁以前，父母必须保证孩子的抚养人是稳定的。如果要借助其他人，也要尽量保持稳定，千万不要今天爷爷奶奶带、明天姥姥姥爷带、改天又请阿姨来带。这种不稳定的抚养人关系，也会让孩子丧失安全感，让孩子处于不断适应新的抚养人的压力和恐惧之中。

二、高品质的亲子陪伴

一位父亲下班回到家已经很晚了，他的工作压力很大，心里也有点儿烦，于是想休息一下，而这时，他发现自己5岁的儿子靠在门旁等他。

"爸爸，我可以问你一个问题吗？"

"什么问题？"

"爸爸，你一小时可以赚多少钱？"

"为什么问这个问题？"父亲问道。

"我只是想知道，请告诉我，你一小时能赚多少钱？"小孩哀求。

"我一小时赚20美金，这有什么问题吗？"父亲没好气地说。

"哦，"小孩低下头，接着又说，"爸爸，可以借我10美金吗？"

父亲有些生气了："别想拿钱去买那些毫无意义的玩具，给我回到你的房间并上床睡觉。你为什么这么自私呢？我每天都在辛苦地工作，这你根本无法体会，我没有时间和你玩小孩子的游戏。"

孩子安静地回到自己的房间并关上门，父亲生气地坐在客厅里。过了一会儿，他心里平静了下来，觉得刚才对孩子太凶了，或许孩子真的很想买什么东西，再说他平时很少要过钱。

父亲走进孩子的房间，发现孩子正躺在床上，他悄悄地问道："你睡了吗，孩子？"

"爸爸，还没，我还醒着。"孩子回答。

"对不起，我刚才对你太凶了"，父亲边说边将钱递给孩子，"这是你要的10美金。"

"爸爸，谢谢你。"小孩欢叫着从枕头下面拿出一些被弄皱的钞票，慢慢地数着。

"你已经有钱了，为什么还要？"父亲又有些生气，他不知道这个孩子今天是怎么了。

"因为在这之前不够，但我现在够了。"小孩回答。

"爸爸，我现在有20美金了，我可以买你一个小时的时间吗？明天请早一点儿回家，我想和你一起吃晚餐。这是我盼望已久的事情，可以吗？"

父亲看着孩子那期望的眼神，不由得眼睛湿润了。

和爸爸一起吃顿晚饭，这是多么稀松平常的小事，可对孩子来说却是期盼已久的大事。很多父母为孩子舍得大把花钱，却不舍得花一点时间；有些父母虽然花了时间，却并没有真正全身心投入。对孩子而言，如何确信父母是爱自己的？不是玩具，不是衣服，更不是各种培训班，而是陪伴，这是最简单也最直接的方式。

高品质的陪伴，是孩子安全感的第二个重要来源。缺少陪伴的孩子，会觉得自己不够好，不值得被爱，不值得拥有更好的生活，因此缺乏安全感、没有自信，过于敏感、压抑，在创造性、自制力、人际交往等方面也会受到影响。很多孩子长大后，明明在外人看来有很突出的一面，但依然会因为潜意识里认为自己不值得拥有更好的生活，从而各种折腾，将自己好不容易努力得来的好日子搅和得一团糟。比如明明拥有了一份还不错的事业，却无法坚持；明明找到了一个心仪的另一半，却难以维系持久的关系。

如何进行高品质的亲子陪伴？你只要掌握三个基本原则就行。

第一，真诚。孩子都是敏感的，不要敷衍孩子，不要心不在焉，放下手机，放下工作，放下所有心头事，全身心地投入与孩子共处的亲密时光里。

第二，代入。把自己当孩子，把陪孩子当作重走一回童年路，你就不会觉得无聊和幼稚，反倒体验到的是童真和童趣。

女儿两岁时，有段时间特别喜欢在家里顶着枕头满屋子乱跑，边跑边喊"下雨啦！下雨啦！"我看到之后便也加入她的队伍，头顶一个大枕头，跟在她后面跑，边跑边喊"打雷啦！下雨啦！小宝宝快回家啊！"有了我的加入，她玩得特别兴奋和满足，而我，也乐得借此释放一下工作的压力。

第三，有趣。发挥你的幽默和创意，和孩子多互动，用游戏、竞赛、表演等方式让过程变得更有趣好玩。

幼时每次和女儿散步，我们最喜欢玩的游戏是数汽车，我陪着她一边走一边数小区里的汽车数量。她不愿意继续走时，我就和她比赛看谁先到达前面某辆特定颜色的汽车那里，这往往会激发她的活力。女儿大点后，我们开始玩找车位，顺便认识每个车位前的编号数字、车牌号码。再后来，我尝试带她边走路边观察周边事物，围绕看到的事物即兴编故事接龙。如此一来，很简单的散步活动，运动、数数、认颜色、认数字、认字母、认汉字、语言发展，全都有了，正所谓"用心处处皆陪伴"。

围绕这三个基本原则展开，陪孩子的形式其实是极为多样化的，不用刻意拘泥于某一种。对孩子而言，重要的不是干什么，而是和谁在一起、怎么干。聊聊天、读读书，一起运动，一起游戏玩耍，一起做个手工、做点家务等，都是很不错的方式。对于幼儿，再加最重要的两项陪伴：陪洗漱、陪睡觉。

如果陪伴孩子的时间有限，父母要学会抓大放小。6岁前，陪洗漱、陪睡觉、亲子共读，这些事情一定要亲自承担，前两者对建立孩子充分的依恋和安全感至关重要，后者则能激发学习兴趣、打下孩子一生学习力的基础。6岁以后，每天至少保证半个小时和孩子聊聊天、谈谈心，这是促进亲子关系的关键。好好陪陪孩子，顺便也是让自己歇歇脚，让你的灵魂赶上身体的脚步。

三、向孩子积极表达你的爱

"爱我你就亲亲我，爱我你就抱抱我，爱我你就陪陪我！"这首耳熟能详的儿歌，形象生动地道出了孩子对爱的渴求。

很多父母在孩子年幼时通常是不吝于向孩子表达爱的，无论是语言的"我爱你"还是肢体语言的亲亲抱抱，但随着孩子长大，不少父母就开始逐步隐藏起自己的情感，总觉得孩子大了再这样表达有点肉麻。但其实，对人类而言，我们需要爱的表达，就像我们每天都需要食物、空气和水一样。

1959年，美国心理学家哈洛及其同事报告了他们的研究结果：将新生的婴猴从出生第一天起就与母亲分离，以后的165天中都与两个代理母亲——"铁丝妈妈"和"绒布妈妈"生活在一起。两者的区别在于："铁丝妈妈"身上挂着一个奶瓶，"绒布妈妈"没有。虽然婴猴同"铁丝妈妈"在一起时能喝到奶，但它们只在饥饿的时候才去喝奶，其他时间更愿意同"绒布妈妈"待在一起，尤其是有陌生人或陌生声音出现的时候。哈洛由此认为，身体接触对婴猴的发展甚至超过哺乳的作用。虽然这个实验的对象是猴子，但许多心理学家认为，它对人类婴儿同样适用。①

妈妈的拥抱，是孩子建立安全感和依恋关系的关键。对于幼儿而言，他们对身体接触的需求甚至超过食物。国外的研究表明，幼儿每天至少需要11个拥抱，暖暖的拥抱会让宝宝获得满足感、舒适感和安全感。双亲的抚爱，不仅有利于宝宝的身体发育、皮肤健康，而且可以由触觉带动整个感知能力的提升，有利于宝宝心理的健康发展。等孩子大点之后，父母对孩子深深拥抱、拍拍肩膀、摸摸脑袋、亲亲额头等肢体表达，都是非常不错的方式。

作为父母，必须要让孩子确信："就算全世界都把你抛弃，爸爸妈妈永远是你坚强的后盾、温暖的港湾。"这句话，要经常说出来，更要不断地通过肢体语言表达出来。

四、帮助孩子正确认识自我

我们经常说孩子是父母的一面镜子，照出的是父母的素质，但反过来，父母又何尝不是孩子的一面镜子呢？如果孩子在父母这面镜子中照到的是自己的优点和长处，那么孩子就是自信的、积极的；如果孩子在父母这面镜子中照到的只是自己的缺点和短处，那么孩子就是自卑的、消极的，甚至可能是封闭的、逆反的。

---

① 参见［美］罗杰·霍克，《改变心理学的40项研究》，北京，人民邮电出版社，2010。

自信不是盲目自大，因为盲目自大带来的自信就像一只"纸老虎"，是经不起现实检验的，一旦遇到挫折，反倒更容易否定自己，甚至因此一蹶不振。真正的自信，是建立在对自己正确的认知与评价基础上的。

我曾经给女儿读过一本绘本《我就是喜欢我》，青蛙弗洛格最终明白：我虽然不像鸭子一样会飞，不像小猪一样会做好吃的，不像老鼠一样会做东西，也不像野兔一样会读书，但我会游泳，会跳跃，我的绿色是我最喜欢的颜色。我是一只很棒的青蛙！

刘翔的身高不如姚明，但跨栏就很合适；姚明虽然不适合跨栏，但打篮球就很合适。每个人都有长短优劣，看到自己长处的人会接纳和欣赏自己，而只盯着自己短处的人势必自卑和消极。

你的孩子长处在哪里？有什么优点和可爱之处？孩子自己知道这些吗？父母必须成为一面优秀的镜子，帮助孩子正确认识自我，引导孩子在实践中看到自己的优点，感受到自己的优势，并引导孩子学会扬长避短，既不盲目自大，亦不自卑自贬。

五、合理表扬与批评

豆豆从小是被爸爸妈妈夸大的，只要有一点点细微的进步，豆豆爸妈就会毫不吝啬地大加称赞。偶露微笑，大家就赞赏："豆豆笑得真好看！"刚咿呀学语，大家就夸奖她："宝宝真聪明！"甚至连发脾气耍性子的时候大家也不忘赏识："豆豆真有个性！"可随着她慢慢长大，父母和老师渐渐发现一个严重的问题：豆豆只愿听好话，不能听任何批评，而且经受不起一点点挫折。

心理学上有个术语叫"淬火效应"，说的是金属工件加热到一定温度后，浸入冷却剂（油、水等）中，经过冷却处理，工件的性能会更好、更稳定。

孩子固然需要表扬以建立自信，但若孩子长期经受表扬，难免头脑有些发热，变得骄傲自满、爱慕虚荣，不表扬就不高兴，不表扬就不努力，批评则更听不进、受不了，甚至出现沮丧、愤激、退避或敌对等行为。所以，适度的批评如同"淬火"，同样也是教育孩子的一个必要手段。

作为父母，该如何通过合理的表扬与批评，来帮助孩子有效地建立自信呢？可以把握以下两个关键点。

第一，对事不对人，保护自尊。

对事不对人，意味着你的表扬和批评都应该集中于孩子的某个具体行为上，而不是泛泛地对孩子本身进行评价。

"你真棒、你真乖"之类泛泛的表扬，会让孩子不知道你夸的点在哪，找不到继续努力的方向。实事求是地具体说明孩子值得肯定的点是什么，告诉孩子你对他的什么行为感到高兴。表扬得越具体，孩子越容易明白哪些是好的行为，越容易找准努力的方向。

比如孩子看完书后，自己把书放回原处摆放整齐，你可以表扬："你自己把书收拾这么整齐，我真高兴！"下次孩子就会更用心做好这件事。

表扬孩子的常用句式有两种，一种是以"我"开头，强调父母的满意与欣赏，比如"我很高兴，因为你自己修好了玩具"。另一种是以"你"开头，强调孩子的努力与进步，比如"你真棒！因为你按时上床睡觉了"。

批评孩子也是一样，不要动不动上纲上线给孩子贴负面标签，比如"你怎么这么不讲卫生！你太没礼貌了！"显然就是在评价孩子这个人，而不是集中于他的错误行为。要时刻提醒自己，批评孩子不是为了发泄你的怒气和怨气，而是为了帮助孩子更好地成长。

批评孩子时，你要严肃，但不要严厉，所以，你绝对不要大喊大叫，也不要使用反问、质问或者威胁、恐吓之类的负面语言，比如"你是怎么搞的？这么点小事都做不好！""跟你说过多少次你就是不听！你再不整理好玩具我就全部扔掉！"这类语言只会让孩子瞬间对你的批评产生抵触和不满，就算表面被迫接受，也是口服心不服，同时，也很容易打击孩子的自尊与自信，尤其是那些比较敏感内向的孩子。

在确保已经掌握了全部相关事实的前提下，你一定要指出孩子具体的错误之处，并和孩子一起商讨弥补及预防的办法。

你可以先让孩子自己反思他错在哪里，如果孩子说不上来，你可以提醒，比如"虽然别人抢了你的玩具，但你把玩具要回来就可以了，还把对方踢伤了，这么做是不是有点过分了？"如果孩子有不同意见，允许他有申辩的机会，但最终你要"以理服人"。

启发孩子想想，这次还有什么能弥补的，下一次碰到同样情况，又该如何更好地处理。只有这样，孩子才会从错误中吸取宝贵的经验与教训，不断成长与成熟。

想要更好地保护孩子的自尊和自信，"建设性批评"和"暗示性批评"是不错的方式。建设性批评指的是先肯定后批评，并且尽量提出一个建设性的意见和要求，比如"你今天的作业写得很工整，速度也很快，如果能再细心一点，错别字再少点就更好了"。这样的表达方式会有助于孩子更愉快地接受批评和建议。暗示性批评的具体方法很多，可以是讲故事、打比方，也可以是某个暗号之类，只要孩子能心领神会，都可以采用。下面这位聪明的妈妈就采用了暗号的方式，是一个很好的暗示性批评。

最初孩子弹琴时，我老是要去纠正他的指型，因为老师一说孩子指型不好我心里就着急。本来是孩子自己要求学琴的，因为老是被纠正，孩子最后急了就表示："如果再中途打断我，我就不弹了，要说只能弹完再说！"但是等他弹完之后再说他往往也是白费口舌，他总有理由，比如手累或者忘了之类。后来我就放了一块磁铁在旁边，发现他指型不好时就拿出磁铁在他手上"吸"一下，我也不再说话。他明白我是说他手指没立稳，是要把他的手指吸上来，但这个动作让他没有了心理抵触，他马上就把手指立得稳稳的。后来他甚至还问我："妈妈为什么现在不用磁铁吸我了？"我说："你都立稳了，我还吸什么呢！"他就笑了。

第二，控制频率。

表扬孩子的进步之前，你一定要确立一个孩子的行为目标，一开始，当孩子的行为向这个目标前进时，即使进步很小，你都要马上提出表扬。接下来，当孩子这种行为越来越多之后，你就要逐步提高对行为的要求，降低表扬的热烈程度，同时减少表扬的次数、拉长表扬的间隔时间。最后，当目标完全达到，孩子新的行为习惯完全建立起来，稍许的表扬就足以使这种行为得到维持，你只要偶尔给予表扬就可以了。这样，你才真正帮助孩子完成了从他律到自律、从外驱到内驱的转变，帮助孩子形成了稳定的内在品质。

比如你的目标是要求孩子玩耍后自己收拾好玩具，当你看到孩子把一个玩具放在了收纳盒里，表扬的时机就来了。"你把布娃娃放进了收纳盒里，真不错，妈妈很高兴！你和妈妈一起把别的玩具也收起来好吗？"这个阶段，表扬越及时效果越好，能有效增强孩子的自觉性。慢慢地，当孩子每次都会自己收拾了，你就要提高标准了，只有当孩子收拾好全部玩具时你才能表扬。再接下来，你表扬时也不用再那么"热烈"了，可以很自然地说一句："不错，你把玩具都收拾好了，玩耍后收拾好玩具，这正是你应该做的哦！"到最后，你只要偶尔表扬就可以了。

批评孩子同样也不能过于频繁，要抓大放小、一事一说，每天一两次足够，不要逢事就说。非原则性的问题，一些小错误，孩子可能马上就能自己明白，不说也罢。过于频繁的责备不仅让孩子变得"皮"了、"油"了，对批评充耳不闻，而且也容易打击孩子的自信，认为自己做什么都不行。

另外，批评孩子尤其不要翻旧账，否则孩子会感觉犯了错误就永远无法摆脱，既然无法摆脱，改正又有何用？不如破罐子破摔算了，反正爸妈也没相信过自己。

第十九章　乐观：双管齐下，让孩子学会笑看风云！

亲爱的妈妈：我知道我没有资格鼓励你要坚强不要为我哭泣之类……我真的太太太累了，八年来一次次平定崩塌的心灵，而当它再一次崩塌时我又无能为力，只有咬牙忍受再寻找调整的机会，而现实的事务又被耽搁着，现实的美好被破坏着，我真的厌倦了……

这是一位在国外某著名大学留学的女生写给妈妈的遗书，而她的妈妈，是国内某中学特级教师。这位妈妈无论如何也没有想到，外表活泼开朗的女儿竟会背负如此大的痛苦，而她作为母亲竟没有丝毫察觉。

特级教师的女儿自杀了，很多人觉得无法理解，更何况这是一个看起来一直学习优秀、多才多艺、性格开朗的"完美"女孩。我们经常会有一个误区，觉得一个外向活泼热情的人，肯定就是一个乐观的人。但事实上，外向活泼热情只是外在的性格表现，并不一定代表内在的心态与思维。真正的乐观，是无论遭受怎样的外界影响和变化，都能保持积极心态与思维，深信挫折或失败只是一时的，可以靠自身的努力去扭转。

2017年7月3号，美国首席大法官约翰·罗伯茨在16岁儿子的毕业典礼上放了一通狠话："我希望你能时不时遭受点不公平对待，我希望你能品尝几次遭人背叛的滋味，我希望你时常体会到孤独，我希望你能倒霉几次……"这通"冷血""恶毒"的话，被大批网友点赞、转发。

是的，对父母而言，等到孩子摔倒起不来时再去扶他，往往已经来不及了，最好的教育是提前让孩子练就一颗强大的心，历经岁月洗礼、依旧笑看风云！

很多父母都非常关心孩子的抗挫折与抗压能力，甚至有些父母还会特意制造一些"挫折"来磨炼孩子。其实，孩子的抗挫折能力根本不需要刻意培养，父母只需要帮助孩子处理好他生命中的每一次或大或小的挫折，让孩子从中习得营养与力量，就已经足够了。

因为对于孩子而言，成长本身就是一个充满挑战和挫折的过程。小到一次喝奶、一次摔跤、一次打针，大到一次批评、一次考试失利、一次比赛淘汰等，一路走来，孩子要经历的挑战与磨砺实在已经足够多了。这些压力和挫折如果处理不好，就会让孩子变得不自信，怀疑甚至否定自己，进而变得消极颓废。

如何让孩子变得更乐观？父母需要从两方面入手，一是思维层面，二是行为层面，思维上积极看待挫折与失败，行为上积极寻找办法解决问题，两者必须双管齐下，缺一不可。没有积极思维，不能产生积极行为；但光有积极思维没有积极行为，则与阿Q无异，本质上只是逃避、放弃而已，并非真正的乐观。

一、提升维度，引导孩子建立积极思维

孩子之所以遇到挫折失败容易消极悲观，根源首先在于对挫折失败的认识不够客观全面，经常错误地认为失败没有任何收获与价值，认为一次失败就是全盘皆输、就是"整个人都不好了"，进而错误地否定自己。

因此，作为父母，你必须帮助孩子提升他看待外界人事物的维度，引导孩子建立积极思维。

美国心理学家米切尔·霍德斯曾经做过一个极为有趣的实验，他将同一张卡通漫画展示给两组被试者看，其中一组人员被要求横咬着一支钢笔的笔身，这个姿势就仿佛在微笑一样；另一组人员则必须竖叼着钢笔的一头，显然，这种姿势使他们难以露出笑容。结果，霍德斯教授发现前一组被试者比后一组被试者认为漫画更可笑。这个实验证明，我们的心情往往不是由事物本身引起的，而是取决于我们看待事物的方式。当我们微笑着看待时，更容易产生积极的看法，并进而促发积极的情绪。

同一个人事物，从不同的维度去看待，就会得出不同的看法，这些看法会直接决定我们的感受和情绪。故此，反面要看，正面更要看；要往上看，也要往下看；当下要看，未来也要看；微观要看，宏观也要看。

当孩子学会这样提升维度来看待身边的人事物时，通常就能从坏中找出好来，从消极中找出积极来，从痛苦中找出快乐来，从绝望中找出希望来。

1. 正面思维

我曾经应邀去某集团讲课，当时他们带我去参观整个集团园区，讲到其中的建筑布局规划时，就提到他们设计了一个类似"棺材"的布局，寓意就是"关住财

富"。有了这个解释，那么多员工天天在这个园区里上班，没一个人感觉到阴森恐怖，大家反倒觉得这个造型设计很好，让员工每天都能情绪高昂充满激情地工作。最后，集团的发展自然也就蒸蒸日上、越来越好，这就是正面思维的力量。

父母应常常用正面思维来影响和启发孩子对事物的看法，同时传递给孩子更多积极的情绪与能量。

比如孩子摔倒了，积极乐观的父母会保持关注，同时淡定微笑地张开怀抱鼓励孩子，意思是："没关系，你自己可以爬起来的！"这个时候，孩子接收到的情绪能量就是勇气与自信；而消极悲观的父母可能就会第一时间惊慌失措地跑过去大声追问："怎么样，有没有摔到？吓死妈妈了！"毫无疑问，这种情况下孩子接收到的情绪能量就是恐惧与脆弱。

比如你带着孩子在公园玩，突然下雨了，如果你说："唉，这个鬼天气，周末也不能好好玩一下。"你也许是无意，可传递出来的却是抱怨以及内心的烦躁与抗拒。不如换个说法："平常都是晴天逛公园，今天下雨天在公园里走走，感觉很不一样哦！你有没有发现空气要清新很多、花草树木也显得有生机很多呢？"

女儿幼时有段时间特别执着于"拿冠军"，连全家人一起吃饭时，女儿都要尽快吃完，争当冠军。有次她没第一个吃完，难过得要哭了，我安慰她："你虽然没有拿到'吃得最快冠军'，但你吃得很干净啊，一粒米都没有剩下，妈妈觉得你是'吃得最干净冠军'！"她一听立马高兴起来。我接着说："你看，爸爸也不是吃得最快的，但爸爸吃得最多呀！"她马上反应过来："爸爸是'吃得最多冠军'！"

正因为摔了一跤，孩子才会下次努力不再摔跤，失败正好让孩子有机会去反思和成长，收获宝贵的经验和教训。孩子碰到挫折时，不要马上就责备："怎么这点小事都做不好？"你可以启发孩子正向思考："这次虽然不是太理想，但我相信你已经很努力了。你有没有学到什么有用的经验呢？"

这样一来，孩子就会逐步养成正面思维的习惯，碰到问题懂得先去思考正面的意义和价值，从而避免消极情绪的干扰，更有勇气从挫折与失败中走出来。

2. 向下比较

有个这样的笑话：一群猴子在爬树，一只猴子往上看全是猴子屁股，往下看全是猴子笑脸，往左右看全是猴子的耳朵。这则笑话给人们的忠告是：祝你的人生少看猴子的屁股，多看猴子的笑脸。这样才能鼓励自己往上爬，爬得越高，看到猴子笑脸也就越多。

有个乞丐抱怨自己无衣无食，要靠四处向人乞讨才能维生。另一个乞丐缩在路边对他说："起码你还有健全的腿脚。"后面这个乞丐不仅无法行走，而且还是个瞎子，不过他却很知足，因为活着已经让他很满意了。

所以，人活着，既要往上看，也要往下看。在必要的情况下，不妨向下看看做做比较，这会让我们更满足，也更有动力继续前进。具体来说，向下比较有两种形式。

一种是和那些在某方面不如自己的人比。比如，孩子这次虽然只考了80分，但还有很多比他更低甚至不及格的，这么想来，孩子还算是不错的。

另一种是不和别人比，只和自己比。怎么比呢？把自己的现在和过去做一个比较。比如，孩子这次虽然只考了80分，但之前几次考试还有没及格的时候呢！这样一来，孩子就会觉得自己至少是在进步的。

我们多数情况下会赞同"不想当将军的士兵不是好士兵，不想做船长的水手不是好水手"，但我们也必须认清事实，站在最高处的永远只是少数人。向下比较不是让孩子安于现状，觉得有比自己差的人就可以浑浑噩噩了。而是在孩子已经尽力之后，要帮助他学会去正视现实，平衡自己的心理和情绪。正所谓，力所能及则尽力，力不能及由它去。

3. 放眼未来

无论人事物，永远都处在发展变化中，有些事情，当下来看是坏事，长远来看也许就是好事。当下解决不了的问题，不如就交给时间，它会给你答案甚至惊喜。

在孩子的成长道路上，你慢慢就会发现，有些孩子出现的所谓"问题"，其实真的只是阶段性的。经常有很多父母找我咨询，说自己用尽了各种办法，包括专家给出的各种建议，为什么就是解决不了孩子的某个问题？通常我都会安抚他们：如果你真的已经竭尽全力却依然毫无进展，那么就不如先放下，不要再去解决问题了，顺其自然、静观其变，把问题交给时间就好，过了这个特殊阶段，有些所谓问题和症状，自然就消失了。原因其实也很简单，孩子长大了，他不再需要这样了。有些父母过段时间给我反馈，说上次那个问题真的自动消失了，再也没出现过了。

当孩子碰到挫折或失败时，你不妨问问他："这个问题是阶段性的还是永久性的？过一段时间它会不会有可能变化？你真的需要立刻解决它吗？你现在虽然做不到，但未来有没有可能做到？"孩子每一天都在成长，今天他做不到的事情，未来某一天也许很轻松就能做到，这是生命与生俱来的力量，它是会自动修复、自发成长的。让孩子看到自己未来的成长空间，这是培养孩子乐观精神的有效方法。

4. 全局思维

心理学上有个结论：人类视角的大小影响着情绪，视角越大，痛苦越少；视角越小，痛苦越多。也就是说，坐井观天的人更容易痛苦，而一览众山小的人痛苦相对更少。视角，指的就是我们的眼界、胸怀与格局。视角越大的人，往往越会把精力集中在更大、更重要的目标上，而无暇顾及那些小情小怨，就算是看到了，也很容易过滤掉。视角越小的人，因为本来就只能看到那么点有限的东西，所以就很容易盯着一些小问题不放，盯久了就容易上纲上线，把小问题扩大化，庸人自扰就有这层意思。

其实，我们的生命，放在人类发展的长河里，就是一粒尘埃、一只蜉蝣而已。今天你觉得过不去的坎，放在你整个人生的长河里，就是个小问题而已。你会觉得，这根本就不算什么呀！除了生和死，人生哪有那么多大事情大烦恼。

比如，孩子某一方面做得不好，你可以启发他从全局来看自己："总的来说，我至少是健康的、快乐的，是个好孩子，这不就行了吗？"比如，孩子某一科目考得不太好，你也可以启发他："总的来说，我的成绩还是不错的，不是吗？"瑕不掩瑜，这世上哪来真正完美的孩子！

除此之外，父母平常多带孩子爬爬高山、看看大海、读读历史，都能有效提升孩子的维度，让他更好地看见长远、看见全局，从而放下很多的小问题、小烦恼、小失败、小挫折。

二、专注问题，鼓励和帮助孩子找到解决办法

父母应该引导孩子专注于造成挫折与失败的问题本身，这样孩子就会明白：这次失败了，并不代表我就是个"失败的孩子"，只是因为我练习的次数还不够多、想的办法还不够好，只要努力，总有一天我会做得更好。

很多小宝宝经常挂在嘴边的就是"怕怕怕"，孩子说怕的频率，有一个由少到多，又由多到少的自然发展过程。

1岁左右的孩子，自我意识开始觉醒，说"怕"的频率会明显增加，甚至一缕刺眼的阳光、一个突然的声响，都会让他产生恐惧，更别提那些从未见过、从没做

过的事情了。有些父母就据此认为这是孩子胆子小，或者是不敢尝试。其实这恰恰是孩子自我保护意识的发展。因为恐惧，所以孩子会小心、会远离危险、会寻求保护与帮助，这是很正常也很积极的一面。而随着孩子的成长，认识和接触的事物越来越多，孩子说"怕"的频率自然就会下降。

所以，父母看到孩子遇到问题止步甚至退缩时，要想孩子积极面对，光靠简单的鼓励诸如"不怕，你一定可以的！"这类话语是远远不够的，父母应该给予孩子适当的指导和帮助，帮助他克服心中的恐惧。

比如第一次玩滑梯的孩子，不敢从高高的滑梯上下来，这并非因为孩子胆小，而是出于孩子天生对"高"这种危险的自我保护。你可以告诉孩子："怕很正常，我小时候也害怕过滑梯呢！咱们第一次玩，不知道怎么玩没关系，我们先看看别人是怎么玩的。"在孩子看别人玩滑梯时，你可以对玩滑梯的要领做个总结，比如身体要坐直，手要左右分开搭在两边扶手上，腿要伸直。等孩子看几遍大概明白了之后，如果孩子还不敢行动，你可以亲自示范几次，也可以抱着孩子一起滑几次，然后在滑梯下头，展开怀抱，鼓励孩子滑下来。

对孩子而言，很多时候失败确实是因为自身年龄的关系，经验与能力不够，对事情没有把握。所以，引导孩子从失败中总结经验教训，帮助孩子找到避免重复失败的办法，就比单纯鼓励孩子"这次失败了没关系，下次再来！"要强得多。这样一来，孩子慢慢就会知道，碰到问题时不用担心和逃避，因为他可以通过自己的观察、思考、学习、尝试等，去逐步克服困难、解决问题。

否则，孩子固然可以鼓起勇气屡败屡战，但如果结局依然是屡战屡败，到最后，自信和乐观都将会一点点消磨殆尽。

第二十章　情趣：品质时代，不凑合的孩子才能爱自己！

有一次我招聘助理，有个女孩投了简历，我们通过电话沟通得还不错，于是我请她第二天下午过来面试。第二天到了约定的时间她还没到，我打电话过去，她说自己刚面试了一个单位通过了，所以就不来我这里了。我问了她那个单位的地址，发现其实和我的办公室就在同一栋楼里，只是不同楼层而已。

这种现象我并不陌生，我曾经给很多年轻人做职业生涯规划与辅导，发现他们在找工作时有两种典型的心态：一种是要尽快找到工作，有单位愿意录用我，工资待遇也还过得去，那就去了，甚至连再多面试几家、多比较下都觉得没必要；还有一种是不着急慢慢找，在既定的范围内，一定要找到自己喜欢的、适合的工作为止。

这两者当然没有绝对的对错之分，不过从中很能看出一个人的思维和心态。前者多数对工作没有明确的方向与标准，只把工作当作一个获取收入的途径，后者则有自己明确的目标与原则，把工作视为人生重要的一部分，所以不愿将就凑合，所谓"不轻易牵手，但也不轻易放手"。而以我多年的观察所得，后者的职业生涯往往能发展得更顺利。

是什么导致了这两类年轻人截然不同的做法？

我经常被先生开玩笑说我有轻度洁癖，起因是我每周要换一次床上用品。我每次都会认真地告诉他，人生有将近三分之一的时间在床上，一定要善待自己，勤换洗床上用品是对睡眠质量的保障。当我躺在干净的被窝里，用被子暖融融地裹紧自己，闻着淡淡的洗衣液余香，就像沐浴着冬日午后的暖阳，整个人都是放松的、满足的、幸福的。

细想起来，我这个习惯应该来自于幼时母亲的影响。打我记事起，母亲每天起床后总要把被子叠得方方正正，把床单抻平整得没有一丝褶皱，一到有太阳的好天气，必定要把被子褥子拆拆洗洗晒晒忙活大半天，就连床上铺的稻草，也要每年换新。家里虽无几件像样的家具，地面也是原始的土地，但里里外外被母亲归置得井井有条、打扫得干干净净。

多年耳濡目染下来，不知不觉间我就养成了一种习惯，凡事总喜欢精益求精，尤其在工作上，比如写文章总是改了又改，讲课的课件也是每讲必改，且不厌其烦、自得其乐。现在想来，我能有今天的一点成绩，真要感谢母亲。是她让我从小懂得了什么是有品质的生活，它与财富不直接相关，但与我们的追求与努力相关。

一个总是凑合的孩子，难免自卑从众，安于现状、不思进取，人生十有八九也会很凑合；一个不凑合的孩子，往往更有自信，也更有原则与主见，更愿意去改变和追求卓越，自然也就更有可能过上自己理想的幸福生活。因此，真正有长远眼光的父母，绝不会做凑合的父母，也不会允许孩子随便凑合。

怎样才是不凑合？在我看来，至少有两方面：对自己不凑合、交朋友不凑合。

一、对自己不凑合

对自己不凑合，就是要好好吃饭、好好睡觉、好好锻炼、好好学习、好好工作，总之，好好过日子。所以，有点情趣很重要，兴趣、爱好、品位等，都能给日子增色添香，提高孩子对生活品质的追求。

但是，一说到兴趣爱好，很多父母想到的就是特长、才艺。事实上，兴趣爱好是发自孩子本心，但能否成为特长才艺，除了勤加练习，更重要的还有天赋。

当孩子活生生的兴趣爱好被父母拔高成冷冰冰的特长才艺、成为升学的敲门砖，甚至成为父母炫耀的资本时，结果会怎样？用中央音乐学院周海宏教授的一句话来概括就是：孩子最终"学了一门技术，恨了一门艺术！"很多孩子好不容易考到很高的级别，可是一旦"功利"目标达成，就再也不愿拿起；甚至有的孩子在学了多年的钢琴之后，一辈子再也不愿意碰钢琴。

原因很简单——孩子不快乐！从一开始，父母就是让孩子奔着最后的结果去的，所以孩子也就谈不上真正享受过程，学习本身并没有给孩子带来精神世界的愉悦、快乐与富足。

比如，单单只是机械地学习钢琴"技能"，孩子很难真正地从学习中理解到音乐的美，很难感受到音乐本身对生活品质以及自身气质的提高。而且，很多孩子会因为这种无聊的练习而排斥原本喜欢的音乐。很多孩子最终学到的就是一点知识，或者是一点技能，而这些最终能用到的也很少。

父母必须反思的是：我让孩子学的，到底是艺术还是技术？我在乎的，到底是孩子的幸福还是自己的面子？孩子将来真的要靠这个谋生吗？

我记得自己小时候其实是有点音乐天赋的，印象中我最常做的事情就是对着自家屋后满园子的菜花自娱自乐，边唱边跳，把自己学到的有限的歌曲翻来覆去地唱，经常一玩就是一两个小时也不知疲倦。在家里买了黑白电视机后，我最喜欢的就是跟着电视机里的演员们边唱边跳、学习模仿，完全沉浸在自己的世界里，甚至舍不得离开去吃饭。这可能就是纯粹的艺术体验吧。

虽然因为家庭条件有限，父母当时没能及时把我的这种兴趣和天赋转变为特长，后来读师范时学到的声乐和电子琴的一点皮毛也渐渐没了用武之地。但现在想来，音乐这个东西，其实早就潜入了我的生命。在我独自"南漂""北漂"的漫长岁月里，是它，陪伴着我度过一个又一个或充实，或感伤，或兴奋，或忧愁的夜晚。到如今，我最享受的习惯，依旧是点一盏昏黄的灯，放一点淡淡的音乐，或看书，或思考，或写文，或闭目养神。

所以，艺术学习，本质上培养的就是孩子的感性素质，促进孩子的理解力、想象力和创造力发展，进而提升审美、品位和气质，提升对生活的热情，帮助孩子更好地感受和体验幸福。

除此之外，对一项兴趣爱好的坚持练习，既能培养孩子良好的行为习惯，促使孩子生活规律、行为有序、动作协调、反应敏捷，还能塑造孩子良好的性格与心理品质，使孩子情感丰富、性格开朗、情绪趋于平和稳定，变得自信、乐观，学会专注、坚持、迎难而上。

我先生是标准的"驴友"，热衷户外"自虐"。在他的带动下，我也跟着去爬了几次山，爬过了我才发现，原来爬山的美妙之处就在于，无论你爬得多累多难，只要一看到那一览无余的开阔风景、闻到那裹挟着淡淡木香花香的清新空气、听到那林间阵阵起伏的涛声，你就会觉得一切都是那么超值、那么美好，你会由衷地感谢大自然的恩赐。但如果你带着孩子去爬山，却只顾着要求孩子拍照、做笔记，以便回去能让他写作文、写报告，这是多么悲哀的活法。

如何让孩子真正享受和发展自己的兴趣爱好？有个妈妈是这样做的。

女儿小时候，我很想让她学古筝，但我不是买来古筝让她学，我用了个小小的"计谋"。当时我有个朋友的女儿古筝弹得非常好，我带女儿去她家玩，请她弹给女儿听。

听了几次，女儿终于忍不住了："妈妈，我们也买个古筝吧！"我说："好的古筝不便宜啊！"她说："可是我真的很想要古筝。"我又说："弹古筝很苦的，你问问姐姐有多苦，每个星期都要弹，还要到老师那里去上课。"女儿面露难色放弃了。

但过了几天，她又忍不住了："我真的很想要古筝。"在女儿的一再恳求下，我才买了古筝。因为是她自己提出来要弹的，所以她学习的整个过程中，我从来没有费过心。

这是一位很聪明的妈妈，既激发了孩子的兴趣，又引导孩子全面了解、自己选择、确立目标，并最终自动自发、用行动对自己的选择负责。

如果你想让孩子发展某项兴趣爱好，记得要遵守以下三个原则。

1. 把选择权交给孩子

项目的选择要以孩子的兴趣为出发点，如果能配合孩子的天赋潜能当然更好。但如果孩子确实不具备这个天赋，也没关系，告诉孩子，只要他喜欢，能学到什么程度不重要，重要的是他从此多了一个可以寄托的兴趣和爱好，并且将来有机会以此结交到志趣相投的朋友。

2. 让孩子全面体验和了解

带孩子多去现场体验，和老师以及其他正在学习的孩子多多交流，让孩子不仅看到这项活动外在的美好，更重要的是，对学习这个项目可能会面临的困难、挑战和压力有所认知，做到苦乐心中皆有数。

3. 和孩子一起制订合理的学习计划

一个完整的学习计划，首先要包括上课的时间和频率、练习的时间和频率、需要坚持的年限，其次也要包括学习目标与自我要求，以及碰到困难怎么办等。至于考级考证比赛、将来能不能靠这个谋生，大可不必强求，孩子享受了过程、做好了过程，结果自然不会太差，顺其自然即可。

不忘初心，方得始终。丰富孩子的内在世界、提升孩子的综合素养，最终让孩子拥有更高品质、更丰满幸福的人生，才是发展一切兴趣爱好的根本所在。

二、交朋友不凑合

有一天，农夫跟蛇交上了朋友。蛇是十分聪明的，它不久就设法使农夫对它十分亲热。农夫果然把它当成了好朋友，经常夸赞它，永远把它放在第一位。

然而，如今农夫的一切老朋友和亲戚，没有一个再来他家串门了。农夫很奇怪，于是问他的朋友们："这是怎么回事呢？请你们告诉我，你们谁也不来看我，这是什么缘故呢？是我的老婆没有按照礼数款待你们呢，还是你们嫌弃我的食物粗劣不可口呢？"

"不，"他的朋友们答道，"问题不在这里！我们极愿意和你一起聊天，你们夫妻俩谁也没有在什么地方令我们不高兴或是把我们得罪了。没有人会这样埋怨你们的，我们可以保证！可是，如果跟你一块儿坐着，我们的心里总是不踏实，老是要东张西望的，时时提防着你的朋友蛇会爬过来从背后咬我们一口，那又有什么乐趣呢！"

与蛇交友的农夫，不光使其他朋友对自己敬而远之，也将自己时刻置于危险之中。孩子如果不懂得如何鉴别真正的朋友，一朝交友不慎，就很有可能跌入深渊。

王某是个初中生，成绩一直很好。某年暑假，他与同学玩时认识了在社会上混的刘某等一伙人，他见刘某比自己才大两岁，却比自己潇洒得多，因为刘某出手大方，经常带朋友到网吧、游戏室等地方玩。

他很羡慕刘某，于是天天跟着刘某玩，但是出去玩必须要有钱，刘某口袋中的钱很快就用完了。刘某就对王某说："我们现在没钱玩了，要玩就必须有钱。"他们一合计，王某决定到一个他认为有钱的同学家去抢。王某带着刘某等三人趁这名同学的父母上班、其一人在家之际，闯入同学家实施抢劫，同时还将该同学打成重伤。

公安机关很快就破了案，将刘某和王某等人抓获归案。到了开学的日子，王某却只能坐在牢房里悔恨交加。

作为父母，我们必须让孩子从小明白：朋友同样是不能凑合的，不加甄别地交朋友，可能会伤害到自己；朋友在精不在多，人生得三五知己足矣。

父母必须高度关注孩子的交友圈，经常和孩子聊聊他和朋友之间的事情，制造机会让孩子邀请他的朋友来家做客或者一起聚会，从中去谨慎地观察他们，逐步教会孩子如何辨别真正的朋友。

首先，有着明显道德与性格缺陷的人，自然是不可交的。除此之外，这三类人也要远离：

- 为人小气、斤斤计较的；
- 只知索取、不懂感恩的；
- 表里不一、人后妄议的。

其次，真正的朋友，会希望你越来越好。所以，他们通常是这个样子：
- 他愿意倾听你的烦恼，并设身处地真心给出一些意见，而不是只顾自己；
- 他会私下真诚善意地指出你的缺点，并不伤及你的自尊，而不是只说你的好话；
- 他会在你需要帮助的时候第一时间伸出援手，而不只是说说而已；
- 他会在你遭受攻击与非议时拒斥维护，而不是怀疑甚至撇清关系；
- 他会在你陷入低谷的时候陪你一起、拉你一把，而不是疏远甚至落井下石。

最后，告诉孩子，无论和别人如何"一见钟情、志趣相投"，都要永远记住：要想认清真正的朋友，最需要的是时间。在完全了解一个人之前，就毫无防备地将自己完全展现、一味付出，这不是真诚，而是盲目。

不凑合的孩子，不会随便吃饭填饱肚子，而是懂得合理膳食保证健康；不会不加修饰邋遢示人，而是懂得悉心装扮凸显气质；不会随便找个工作养家糊口，而是懂得通过工作成就自己；不会随便找个人结婚生子，而是懂得结婚一定是因为爱情；不会随便结交一大堆朋友，而是懂得细水长流患难与共。总之，不凑合的孩子，心有阳光，永远会在该努力的时候努力、该舍弃的时候舍弃，永远懂得善待自己，永远相信自己值得更好的幸福。

后记 我的"先生之路"

很多人都很好奇,我为什么叫"田先",甚至有人问我这是不是艺名。我在此郑重声明,这绝对是如假包换的真名。我曾经私下问过父亲我名字的来由和含义,结果父亲诚实地告诉我:很简单,因为你是老大,是先从你妈肚子里出来的,所以你奶奶就给你起名叫"田先"。我无言以对,毕竟奶奶大字不识一个,这个起名法也可以理解,心里却忍不住嘀咕:那我妹为什么不叫"田中"或者"田后"?估计是父亲英明,后面的两个娃,都请别人起名去了。

其实这个名字,不光别人觉得奇怪,也曾经让我自己很郁闷,不知道怎么解释我的名字。而且很多人给我发快递时往往都会自作主张把"田先"写成"田先生",还有很多快递员明明看到包裹单上写的是"田先",却还会在电话里直接问我"请问是田先生吗?"大概他们以为是发快递的人少写了一个字,哪有人叫这么奇怪的名字嘛!到后来,我就习以为常了,还会在电话里笑着回应:"对,我就是田先生!"然后挂掉电话,想象着快递员一脸茫然的样子,再偷着乐会。

再后来,有一天我突然就想通了:"先生"在古代是老师的意思,是无关性别的呀!而我,从读师范开始,这20年来做得最多的事情就是讲课,可不就是"田先生"嘛!这么一想,我反倒高兴甚至得意起来,看来我奶奶真是个神算子,从我生下来就看出我这辈子是注定要做老师、做教育的。

这20年来,我从湖南益阳一个小村庄出发,独自在外求学、工作、进修,南下又"北漂",也曾短暂迷茫逃离教育行业,到最后又坚定回归,并且从此笃定初心,其中艰辛自是不少。我一度以为自己能有今天，主要是靠自己所谓的"奋斗"。但是，当我回过头去系统梳理这么多年学习、研究与实践的心得感受时，才蓦然发现，真正奠定我"先生之路"的，不是这20年，而是20年前的那些年。细想起来，我那肚子里没多少墨水的农民父母，却给了我最好的教育，概括起来莫过于"四个自"：自立、自尊、自强、自爱。这是我一生最宝贵的财富，我后来创立的"中国式"精英教育体系，其内核就来源于此。

自 立

我大约从4岁左右开始干各种家务和农活。最开始是比较简单的，在家里扫扫地、拣拣菜、端个盘子、递个碗、打打下手之类；去地里最先学的是拔草，父亲很严肃认真地教我分辨菜和草，把杂草拔干净的同时，不能把菜给拔了或者弄伤了。再稍大点，我就开始做饭、洗衣、喂猪、收拾屋子，地里的农活也逐步增加了难度，包括播种、种菜、浇菜、翻地、插秧、割稻、打稻等。

在上中学以前，我已经掌握了各种日常生活和生产的基本技能。当然，这个学习的过程，汗水和泪水是难免的。

记得在我6岁左右，有次煮饭，给刚开锅的米饭滤米汤（南方传统吃法，过滤出米汤后再接着把米饭用小火焖熟），小个子的我够不到灶台，只好踮起脚尖操作，结果脚下一崴，锅盖和锅体分离，滚烫的米饭连米汤一起"飞流直下"，来不及躲闪，我的一侧大腿瞬间被烫出一串水泡。

当时父母都在地里忙活，他们还等着回家吃饭，我害怕他们训斥自己的不小心，就一声没吭收拾干净，重新煮了一锅饭。受伤的事情，到现在也没和他们提起过。彼时正是炎炎夏日，我还清楚地记得，伤口红肿后有点溃烂，汗水一浸渍、走路一摩擦更是钻心地疼。年幼无知的我，居然就这样自行忍受着过了一个暑假直到自行康复。现在想想其实都有点后怕，万一伤口发炎感染……

现在想来，父母无声的"自立"教育为我的人生奠定了坚实的基础。从我离开父母身边去异地读师范，再到彻底离开故乡南下打工又辗转"北漂",一晃已经有20余年了,无论在哪里,我都把自己照顾得很好,至少他们不用担心我的身体。而这,对远在老家的父母而言,又何尝不是一种安慰。

自　尊

在我6岁前,我们家的经济状况还算不错。父母都很勤劳能干,除了地里的农活,父亲还利用农闲到周边的县城去拉板车,满满一车砖头或煤渣,拉一车能赚3毛钱,一天能赚5块钱。父亲虽身板瘦小,但好在年轻肯扛,几年下来也攒了一笔血汗钱。父母踌躇满志地计划着要把土房子翻盖成砖房。

但天有不测风云,父亲突然病倒了,伤寒病。好不容易大病初愈,没来得及好好休养又投入劳作,结果就复发演变成了副伤寒。为了省钱,父亲坚持在家里简单治疗,但病情愈演愈烈,最后还是舅舅们做主把父亲送去了医院,医生说,再晚来一会估计就性命难保了。父亲住院后,母亲为了照顾父亲心力交瘁也累倒了,雪上加霜,一下就花光了我们家之前所有的积蓄。

没有了主要的收入来源,父母都还要吃药调养,还要供3个孩子吃喝上学,再加上破旧不堪必须翻盖的房子,打那时起,我们家就陷入了无尽的债务循环中,直到我工作4年后才帮着家里还清。一次次地借新债、还旧债,常常是刚还完这家又要去找那家开口借钱。当然,借钱是父亲的活,母亲一生最要面子,借钱的事她无论如何是开不了口的。

但无论如何,父母有一个共识,那就是每到年底,就算人家不来要债,也要赶在过小年前主动把债还上。本金实在还不上的,至少利息是一分不少地送到人家手里。答应还又到期还不上的,哪怕是去其他地方再借,也一定要按期还上。有借有还再借不难,这是父母常念叨的。正因如此,那些年我们家每个年三十都能顺利度过,没有债主会跑到家里坐着不走不让过年。

为了省钱,家里的衣服、袜子、被子、床单等,大大小小的补丁自然少不了,但母亲总是把补丁缝得针脚细密,把各样物品清洗得干干净净,收拾得井井有条。就连铺床的稻草,也必定要每年换新，且要修剪得整整齐齐、去掉枝蔓、晒出一股子阳光的香味来，才能铺到床上去。母亲不止一次颇为自豪地向我提起，连奶奶都夸赞她：就我这二儿子（指父亲）好命，娶了个干净媳妇，睡得上一铺干净的床。

上中学时，我春秋季节的外衣只有一套，一件蓝色外套加一条紫色外裤，都是远房表亲给的大人剩衣，穿在瘦小的我身上自是肥大难看的。每个周一到周五，我就穿着这身衣服，尽量避免弄脏它，到了周六，就赶紧脱下洗净晒干，周一再换上。对于一个青春期的小女孩来说，面对身边不少家庭条件不错、穿得漂漂亮亮的女同学，要说没有过自卑那是假的。但母亲用她的言传身教告诉我：买不起新衣服不丢人，但如果衣服脏兮兮皱巴巴地穿在身上，那就是丢人。

自　强

那个时候的农村还没有幼儿园，只有一种叫作"幼儿班"的课程，都是小学附带开设的，大抵相当于现在的"学前班""幼小衔接班"，学制一年，读完可以直接升小学。我幼年入学较早，一是村里的小伙伴大都比我大1岁左右，父亲担心我以后上学一个人没伴，二是我那时人虽瘦小，但身子骨灵活利索，于是不满5岁的我就跟着一起入了幼儿班。

上学第一天，父亲戴了顶草帽，牵着我的小手，一路穿过一道道田埂，走完一条长长的在当时已算非常宽敞的黄土马路，来到坐落在一片小山包旁边的两排砖土混合结构的平房，这就是我们的村小学了。

父亲拿出一张在手心攥得皱巴巴还沾着汗渍的10元钞票，一边交学费一边回头叮嘱我："好好读书，读好书将来才能有出息，别像你爸一样再当农民。"小小年纪的我自然还不能完全明白父亲的意思，但那张10元的钞票却带给了我强烈的刺激，因为我知道那个时候赚10元是非常不容易的事情。也许就是从那天起，"好好读书"这4个字就在我幼小的心田里开始生根发芽。

10岁左右，我有次地里干活，艳阳高照，酷热难耐，我又累又晕，昏睡在了地边的田埂上。后来父亲把我拉起，半开玩笑半正式地对我说："你看你这小身板、小手掌，哪里经得起农村的生活！你还是好好把书读好，争取以后别干农活。爸爸妈妈没什么本事，你这辈子只能靠你自己了！"

15岁，进师范的第一次上台自我介绍，因为极度紧张，我打好的腹稿一句也说不出来，最后只挤出了可怜的"我叫田先"四个字。人生第一次，我狼狈失败如此，恨不能找个地洞钻进去。回到宿舍，我用被子蒙着头大哭了一场，而后擦干眼泪，咬牙决定无论如何都要突破自己，彻底争回这口气。

18岁，我先后决意放弃体制内的老师工作、放弃好不容易考进去的看起来非常体面的电台主持人的工作，要独自南下去广州闯荡。父亲送我的离别赠言，依然还是那句话："大崽（我排行老大），去了那边，一切靠你自己了，咱家没别的，人穷志不穷，你好好干，争取干点名堂出来！"

"人穷志不穷""靠自己""争口气"，这三句话支撑着我度过了最孤独、最艰难的岁月，令我在任何时候面对未来，都有着无畏的勇气与淡定，也让我突破心理障碍彻底重生，一步步迈上了事业的新台阶。

自　爱

在那些最艰难的日子里，我们一家没有被打败，我想这首先应该归功于父亲母亲天性中的乐观精神，用湖南的方言叫"穷快乐"。是的，富人有富人的快乐，穷人也会有穷人的快乐，只是来源不同罢了。

母亲大字不识一个，连自己的名字都不会写，但她经常给我们念叨一句话："山不转水转，水不转人转，日子总会好起来的，人总不会一辈子都倒霉的。"现在想来，母亲是个多么英明的哲学家，她这句话，无疑就是温暖我们心灵的一团火、照亮我们前进的一束光。

父亲则有个习惯，干活时时不时地要哼几句小调，现在看来，这是典型的苦中作乐，但这歌声，又何尝不是困境中对命运吹响的征服的号角？

临近师范毕业的那个春节，我在家里做油炸食品时不小心让油飞溅到了脸上，当时我的第一反应是：完了！我是不是从此毁容了！父亲从多方打听到一个专治烧烫伤的老中医，用自行车载着我一次次去城里换药，一路给后座上的我讲故事分散我的抑郁，极度耐心地给只能仰躺着洗头的我一点点浇水洗头，还不忘给我开玩笑："没事，大不了老爸养着你！"

后来，当我在北京创业失败落魄到住地下室，并且连地下室每月三百元的房租都要靠借时，正是父母的这种乐观，陪伴我从头再来、继续前行。

因为我知道，自爱，意味着首先要学会爱自己，爱自己的身体，爱自己的生活，接受一切的如意和不如意，并且要始终坚信，哪怕道路是曲折的，前途也一定是光明的。这样的人生，就算平凡，也一定幸福无比。

结　语

高尔基曾说：爱孩子，这是母鸡也会做的事，但要善于教育他们，这就是国家的一桩大事了，这需要才能和渊博的生活知识。

是的，如果说父母爱孩子首先是种本能，那么如何去爱，则是一种智慧。正确的爱，会成就孩子幸福的一生；错误的爱，则可能毁灭孩子一生的幸福。

大道至简，我是何其幸运，感谢父亲母亲，用他们朴素的人生智慧，奠定了我一生修行的"先生之路"。"自立"，是生存的开始；"自尊"，是做人的开始；"自强"，是做事的开始；"自爱"，是幸福的开始。今天，当我自己也为人母，我才更深刻地体会到，比起物质上的满足、人脉上的积淀等，父母教会我的这四个"自"，才是我一生最宝贵的财富，才是他们给予我的最有价值的爱。

在此基础上，2013年，我正式创立"中国式"精英教育体系，线上线下累计培训了百万以上的家长，咨询辅导了上万个家庭。而今天，我将整个"中国式"精英教育体系的核心内容浓缩成此书，希望以此去帮助和影响更多的家庭、唤醒更多的父母、成就更多的孩子。这也是我作为母亲的一点私心：我深知，唯有这样，我亲爱的女儿，才有可能生活在一个更美好的未来。

普天下的父母们，从现在开始，请给你们的孩子这四种爱吧：给他一个健康的身体，让他学会生存；给他一个高贵的灵魂，让他学会做人；给他一个智慧的大脑，让他学会做事；给他一颗强大的心，让他学会幸福。

俗话说"儿行千里母担忧"，而我希望的是，有一天，当我们老去，当我们离开，我们可以彻底放下，因为，孩子已经真正长大。我们需要做的，只是祝福，只是期待。他的人生，自会如花盛开，定会蝴蝶自来。

2017年12月8日